AF283381

Fuerteventura en el Antiguo Régimen

Un granero de señores y pobres

Colección Manuel Velázquez Cabrera, n.º 5

Fuerteventura en el Antiguo Régimen

Un granero de señores y pobres

Manuel Lobo Cabrera

2025

LOBO CABRERA, Manuel

Fuerteventura en el Antiguo Régimen : un granero de señores y pobres / Manuel Lobo Cabrera. -- Las Palmas de Gran Canaria : Universidad de Las Palmas de Gran Canaria, Servicio de Publicaciones y Difusión Científica, 2025

216 p.; 15 x 21 cm. -- (Manuel Velázquez Cabrera ; 5)

ISBN 978-84-9042-561-9

1. Fuerteventura (Canarias) - Historia - Siglo 15º-19º I. Universidad de Las Palmas de Gran Canaria, ed. II. Título III. Serie

94(649.6)"14/18"

THEMA: NHQ, 1DSE-ES-EAB, 3KLY, 4MD, 3MG, 3ML, 3MN

La colección *Manuel Velázquez Cabrera* es un proyecto de la Cátedra Manuel Velázquez Cabrera de Historia de la Administración de la ULPGC

Este número ha sido publicado
con la colaboración del Consejo Social de la ULPGC

Colección
Manuel Velázquez Cabrera

Director de la Colección
Francisco Quintana Navarro

© del texto:
Manuel Lobo Cabrera

© de las imágenes: Manuel Lobo Cabrera, FEDAC, Juan Gómez Pamo, Cabildo de Fuerteventura

© de la edición: Servicio de Publicaciones y Difusión Científica de la ULPGC, 2025
https://spdc.ulpgc.es · serpubli@ulpgc.es

ISBN: 978-84-9042-561-9
eISBN: 978-84-9042-562-6 (pdf)
Depósito Legal: GC 201-2025
Maquetación y diseño: Servicio de Publicaciones y Difusión Científica de la ULPGC
Impresión: Talleres Editoriales Cometa, S.A.

Impreso en España. *Printed in Spain*

ÍNDICE

Índice

PRESENTACIÓN

Ruina de volcán esta montaña
por la sed descarnada y tan desnuda,
que la desolación contempla muda
de esta isla sufrida y ermitaña.
La mar piadosa con su espuma baña
las uñas de sus pies y la esquinuda
camella rumia allí la aulaga ruda,
con cuatro patas colosal araña.
Pellas de gofio, pan en esqueleto,
forma a estos hombres —lo demás conduto—
y en este suelo de escorial, escueto,
arraigado en las piedras, gris y enjuto,
como pasó el abuelo pasa el nieto
sin hojas, dando sólo flor y fruto.

Miguel de Unamuno, De Fuerteventura a París (1925).

Cuando un majorero ya entrado en años se ponga a leer este libro probablemente podrá volver a sentir el lento decurso del tiempo en aquella isla otrora infortunada, de paisaje desnudo y tierra sedienta, hogar de gente noble resignada a la pobreza, cuya alma quedó tan bien reflejada por Miguel de Unamuno en 1924, en *De Fuerteventura a París: diario íntimo de confinamiento y destierro vertido en sonetos.*

Un siglo después de aquellos versos unamunianos, el conocimiento que tenemos de la historia majorera es mucho más sólido que el de entonces, gracias a la amplia producción historiográfica generada sobre Canarias, especialmente desde finales de la década de 1960 hasta nuestros días, en la que Fuerteventura no ha dejado de estar presente ya sea como objeto de estudio específico o compartido con las otras islas. Ese caudal de nuevos saberes —hoy más accesible que nunca por la tecnología— lo podemos encontrar en los repositorios de tesis doctorales y en las publicaciones de actas de coloquios y congresos, artículos en revistas especializadas y sesudos estudios monográficos, pero es más difícil tenerlo a mano a través de una breve obra de síntesis orientada a la divulgación científica. Esta carencia no podía pasar desapercibida para la Cátedra Manuel Velázquez Cabrera, que ha encontrado en la impartición de otro de sus cursos de extensión universitaria la ocasión oportuna para iniciar una línea de actuación encaminada a ofrecer a la sociedad, a través de esta Colección del Servicio de Publicaciones de la ULPGC, una serie de aportaciones que, con visión general de amplio recorrido, vayan dando cuenta de nuestros actuales conocimientos sobre la Historia de Fuerteventura.

Para realizar esta primera incursión generalista en el pasado majorero, que cubre el periodo que va desde la conquista normanda de la isla a comienzos del Cuatrocientos hasta el ocaso del régimen señorial a finales del siglo XVIII, hemos tenido la suerte (y el privilegio), de contar con la total disposición de Manuel Lobo Cabrera, uno de nuestros más prolíficos modernistas y conocedor como pocos de los papeles antiguos que se custodian en los archivos de Fuerteventura. Él se aprestó a afrontar el encargo con la pasión y el rigor del viejo profesor y, también, con ese recto sentido del deber tan característico de su persona que le hace ser —como él mismo diría— *más cumplido que un luto*. Por el resultado logrado, el autor ha sobrepasado con creces las expectativas iniciales, pues no se ha limitado a hacer un mero estado de la cuestión, sino que también ha generado nuevo conocimiento al incorporar evidencias de fuentes primarias hasta ahora inéditas.

Cuatro grandes ejes vertebran *El Antiguo Régimen en Fuerteventura: un granero de señores y pobres.* El primero, la empresa de la conquista europea y la implantación y consolidación del Señorío de Canarias en sus períodos normando y castellano-andaluz, respectivamente. El segundo, los protagonistas y las actuaciones del poder, tanto señorial como local y militar, un ámbito en el que se desgranan las alianzas y conflictos en el seno de la minoría dirigente y los factores que propiciaron su engrandecimiento o debilitamiento, al tiempo que se precisa el importante papel que desempeñó el antiguo cabildo en la gestión pública. El tercer eje gira en torno a los aspectos sociales: el lento poblamiento de la isla, aun teniendo en cuenta las limitaciones que ofrecen los recuentos demográficos realizados en esta etapa preestadística; y la consiguiente estructuración social surgida de la colonización, en la que se distinguen los poderosos, el común y los marginados sociales, con particular referencia a esclavos y expósitos. Finalmente, la última parte de la obra nos sitúa ante los caprichosos vaivenes de una precaria economía agropecuaria, cimentada en la producción cerealística, que por su tremenda sujeción a los elementos climatológicos va atrayendo y expulsando fuerza de trabajo lo mismo que empobreciendo a muchos y enriqueciendo a unos pocos.

El legado de precariedad y marginación dejado por el Antiguo Régimen siguió impregnando buena parte de la historia contemporánea de Fuerteventura, como bien expresara Unamuno a través de sus sonetos y ahora pueden evocar los abuelos majoreros con la lectura de este libro. Bueno será, pues, que también sea leído por sus nietos, pasando una a una todas sus hojas, para que dé flor y fruto de conciencia histórica colectiva.

Francisco Quintana Navarro
Director de la Cátedra Manuel Velázquez Cabrera

INTRODUCCIÓN

La historia de Fuerteventura ha ido conociéndose en los últimos años gracias a una serie de aportaciones que han aparecido en distintas revistas de investigación y, especialmente, a partir de las *Jornadas de Estudios de Lanzarote y Fuerteventura*. A ello se suma el conocimiento de nuevos documentos hallados en los archivos nacionales e insulares que han ido aportando nuevos datos que enriquecen el desarrollo histórico de la isla. Partiendo de estos datos y de nuevos documentos, nuestra intención es acercarnos al periodo histórico del Antiguo Régimen, intentando hacer una síntesis de los aspectos más importantes, algunos poco conocidos, y ponerla al alcance de toda la población canaria y, en especial, de los majoreros.

Este periodo se inicia a partir de la conquista de la isla por Jean de Bethencourt, quien la va a controlar por unos pocos años, para pasar después a la jurisdicción de señores andaluces, iniciándose así lo que se conoce como el periodo de señorío, que perdurará en la isla durante al menos cuatro siglos. El señorío estuvo bajo control de un sistema feudal implantado por los normandos y continuado por los señores bajo el auspicio de la Corona de Castilla, dando inicio a un periodo de inestabilidad y de disputas por el control de Fuerteventura.

La isla finalmente quedó bajo el dominio señorial, después de haber disputado los Saavedra su jurisdicción con sus parientes los Herrera, gobernada, con la aprobación de la Corona, por un señor territorial que controlaba las tierras y las rentas.

A lo largo de los distintos capítulos queremos acercar a los lectores al desarrollo del periodo a partir de la conquista llevada a cabo por los franceses, que derivará en el señorío, primero inmune bajo los normandos y luego jurisdiccional bajo los nobles andaluces. Asentados estos en Canarias, el señorío pasa por distintas vicisitudes hasta que la familia Peraza lo divide entre sus hijos y, mediante negociaciones y concordias, los Saavedra, propietarios de un dozavo de las doce partes en que quedaron divididas las islas de Lanzarote y Fuerteventura, se alzan con la jurisdicción de Fuerteventura. A lo largo del tiempo podemos dividir el señorío en dos etapas: una en la que los señores, estableciendo su residencia en la isla, mantienen un control absoluto sobre ella, que dura todo el siglo XVI, y otra, de control más relajado, en la que los señores, mediante una estratégica política matrimonial, se unen a una figura destacada de la isla de Tenerife, de apellido Lorenzo, y abandonan Fuerteventura para residir en distintos lugares de Tenerife, donde tienen sus títulos y hacienda. Desde allí intentan mantener un cierto control a través del Cabildo, su correa de transmisión, y de los dirigentes que están al frente de este, nombrados por el señor.

Por tanto, el gobierno de la isla, el nombramiento de los cargos del Cabildo, el cuidado de la economía y la entrega de mercedes a parientes, amigos y pobladores estuvo en manos de los señores, así como la organización de las milicias para la defensa del territorio ante el eventual ataque berberisco que se produjo a finales del año 1593. También los señores, durante el siglo XVI, van a ocuparse de las entradas y correrías por suelo africano, donde se aprovisionaban de esclavos, ganados y otros objetos de valor. Esta rapiña en la costa de Berbería les permitía obtener pingües beneficios para hacer frente a los gastos que les ocasionaba el señorío.

El señor también va a mantener las jurisdicciones de justicia y militar hasta comienzos del siglo XVIII, en que con las nuevas reformas borbónicas se introduce en la isla la figura de los coroneles, que poco a poco van mermando el poder señorial al convertirse en figuras excepcionales tanto en lo político como en lo económico gracias a la acumulación de haciendas y propiedades. Así, una familia local se convirtió en la principal autoridad, al mantener el título como hereditario y convertirse en quienes tenían la responsabilidad de defender la isla.

Frente a ese poder, la mayoría de los habitantes de la isla eran campesinos y pastores que trabajaban en condiciones de pobreza, en parte porque el sistema feudal y económico implantado en Fuerteventura perpetuó su aislamiento económico y social, limitando así su desarrollo. Al basar su economía en los cereales y el ganado, en ocasiones de crisis y hambrunas se produjeron catástrofes humanitarias, en una lucha constante entre el hombre y la tierra por conseguir dominarla.

Fruto del sistema político y administrativo implantado en la isla durante siglos, surgió una sociedad que oscilaba entre la abundancia y la miseria, situándose en la cúspide los poderosos, descendientes de familias de conquistadores y de repobladores que fueron uniéndose entre ellos y que, con dicha unión, aumentaban los patrimonios, frente a aquellos desheredados de la fortuna como fueron los esclavos y otros grupos marginados. En medio se encontraba una gran masa de pequeños agricultores y ganaderos que con esfuerzo intentaban sortear las hambrunas, hasta que la desolación, el hambre y la muerte les hacían huir hacia otras islas en busca de sustento.

En definitiva, este periodo histórico que abarca desde el siglo XV al XIX es, en esencia, un relato de adaptación y resistencia en un entorno único que, sin embargo, ha sabido preservar su identidad a lo largo del tiempo.

Ese es el objetivo que hemos perseguido a lo largo de esta narración, en un intento de acercar a los canarios y a los propios majoreros a la historia de Fuerteventura, y ello ha sido posible gracias a la iniciativa de la Cátedra Manuel Velázquez y del Servicio de Publicaciones y Difusión Científica de la Universidad de Las Palmas de Gran Canaria, a quien lo agradecemos.

1. LA CONQUISTA DE FUERTEVENTURA

La conquista de Canarias y la de la isla de Fuerteventura abre la puerta al comienzo de la historia europea en la isla, especialmente a partir de que los normandos primero y luego los castellanos y andaluces pueblen el territorio y lo organicen según el modelo de sus lugares de origen. No obstante, en el siglo XIV la isla había sido ya visitada y sus habitantes esclavizados en las expediciones que habían realizado a Canarias mallorquines, catalanes, andaluces, castellanos, vascos y portugueses, asociados con otros navegantes europeos, que se aventuraron en el Atlántico. Estas expediciones hay que insertarlas en el proceso de expansión manifestado por las monarquías europeas a lo largo de la Baja Edad Media, y como tales hay que considerarlas como preparatorias de la conquista que se iniciará a comienzos del siglo XV.

El modelo de conquista llevado a cabo en el territorio va a marcar su devenir político-institucional, a la vez que el lento poblamiento, con sus altibajos en función de las circunstancias climáticas y la impronta geográfica. La empresa estaba unida a la corona castellana por lazos de carácter feudal, pues, aunque tuvo un carácter privado en su organización, con finalidad expansionista y de dominación, contó con el beneplácito del rey y del pontífice.

La conquista de Fuerteventura se inicia, por tanto, a comienzos del siglo XV, y es conocida como la empresa *bethencouriana*, llevada a cabo durante el reinado de Enrique III de Castilla, momento en que dos nobles franceses

> … *Gadifer de La Salle y Jehan de Béthencourt*, caballeros naturales del reino de Francia, han emprendido este viaje para honra de Dios y para mantenimiento y aumento de nuestra santa fe, a las partes del Mediodía, a ciertas islas que están

hacia aquel lado, que se llaman las islas de Canaria habitadas por gentes infieles de diversas leyes y de diferentes lenguajes, […] con la intención de convertirlas y de atraerlas a nuestra fe…[1].

1.1. Organización de la conquista

Esta empresa de conquista señorial, llamada así por haberla emprendido los señores, se llevó a cabo, aproximadamente, entre 1402 y 1405 y es en este periodo cuando se acomete y domina la isla de Fuerteventura. El carácter de esta conquista hizo que tanto esta isla como las de Lanzarote y El Hierro pasaran a denominarse *señoriales*, al estar gobernadas de acuerdo con el modelo de administración dependiente de un señor jurisdiccional.

A principios del siglo XV las Islas Canarias ya eran conocidas en casi todos los puertos europeos debido a la presencia de naturales isleños, sobre todo en aquellos lugares desde donde se habían organizado expediciones a finales de la centuria anterior. Por ello no es extraño que, en las costas francesas de Normandía, y en tierra adentro, en la tintorera Grainville, se conociera a las islas por poseer en su solar "palo rojo para tinte", la corteza de árboles usada para teñir, por su tierra bermeja y por la abundancia de orchilla, liquen del cual se obtenían —en función de la maceración— el color púrpura y el violeta.

Esta abundancia de materias tintóreas y la búsqueda de recursos en el exterior fue la razón inmediata y más poderosa para que en las tierras galas se organizara una empresa de conquista a ini-

---

1 *Le Canarien* (texto G): Serra Rafols, E. y A. Cioranescu: *Le Canarien. Crónicas francesas de la Conquista de Canarias*, La Laguna-Las Palmas, 1964, pp. 14-16.

cios del siglo XV. Allí fue donde formaron sociedad sus organizadores, Juan de Bethencourt y Gadifer de la Salle.

Juan de Bethencourt era un noble normando, barón de Saint-Martin-le-Gaillard y dueño de varios señoríos, entre ellos el de Grainville-la-Teinturière, y había tomado parte en aventuras caballerescas de la época. Desempeñó cargos honoríficos en el palacio del duque de Turena-Orleans, donde conoció a su socio Gadifer de la Salle, cortesano del rey francés, noble de fortuna y experto militar.

Estos dos hombres decidieron emprender la conquista de Canarias por motivos económicos, como era controlar una fuente importante de productos tintóreos, a lo que se unían el carácter de aventura y la conversión a la fe de los isleños, así como el interés de Bethencourt de huir sus acreedores, al estar cargado de deudas. Todo ello justificaba los riesgos y las penas del viaje y las probables dificultades para apoderarse de las islas[2].

Ambos socios habían conocido la posibilidad de encontrar productos de interés en Canarias por las noticias que tenían de las islas por las expediciones que se habían realizado en el siglo XIV. También contribuyó a animar la empresa el hecho de que un tío de Bethencourt, Rubín de Bracamonte, residiera en la corte castellana, donde al parecer había obtenido de Enrique III el derecho de conquista de las islas. Además, fue este noble quien les proporcionó una elevada cantidad de dinero, 7 000 libras tornesas, a cambio de la hipoteca del señorío de Bethencourt.

---

2   Hernández-Rubio Cisneros, J. M.: *Fuerteventura en la naturaleza y la historia de Canarias*, Santa Cruz de Tenerife, 1983, T. I, p. 640; Cioranescu, A.: "Introducción", en Serra Rafols, E. y A. Cioranescu: *Le Canarien…*, pp. 153-155.

Resuelto el impedimento económico para poder llevar a cabo la conquista, Bethencourt marchó a La Rochelle, donde rubricó su asociación con Gadifer. Una vez mancomunados, equiparon sus embarcaciones con los bastimentos necesarios para la empresa y, junto a marineros y soldados, arqueros y escuderos, enrolaron a futuros colonos, quienes embarcaron con los aperos de labranza y semillas. Eran naturales de las regiones de Normandía, Gascuña y Poitou, y luego se les incorporó un contingente de pobladores castellano-andaluces; a ellos hay que añadir dos esclavos naturales de Lanzarote, llamados Alfonso e Isabel, que fueron enrolados como intérpretes, y dos capellanes, fray Pedro Bontier y Jean Leverrier[3]. La presencia de colonos en esta expedición confirma que el fin de la empresa era establecerse definitivamente: primaba el deseo de conquista, además de la posibilidad de ejercer una política de aculturación, aprovechando la debilidad del poder real.

Jean de Bethencourt, conquistador de Fuerteventura. Fuente: *Le Canarien*.

---

3   A la pluma de estos capellanes se debe *Le Canarien*, crónicas normandas de la conquista de Canarias.

Comenzó la empresa por la isla de Lanzarote donde, tras asentarse, los normandos comenzaron a realizar, dada la cercanía y visión que se tenía de ella, las primeras expediciones a la isla de Fuerteventura, haciendo su primera entrada por el Puerto de la Peña. Gadifer se encargó de las primeras tareas de la conquista, que supusieron numerosas dificultades, mientras Bethencourt partía hacia la Península en busca del reconocimiento y apoyo del rey de Castilla, quien finalmente le concedió el señorío de Canarias con algunas prerrogativas que perduraron en el tiempo. En la entrada que hizo Gadifer, acompañado de Rammonet de Levedan, se internaron en la isla, y allí estuvieron por espacio de ocho días. No obstante, hicieron otra entrada los principales caballeros llegando hasta un río que llamaron Río de Palmas, donde se establecieron y fortificaron con la intención de "...no salir de allí hasta que el país fuera conquistado y puestos los habitantes en la fe católica". Mientras tanto, Bethencourt era reconocido por el rey castellano, quien le otorgaría ciertos privilegios que le permitirían establecer en las islas que conquistara un régimen de inmunidad e independencia con respecto al reino de Castilla, reflejado no en el título de "rey de Canarias", sino en la adquisición de una serie de privilegios y prerrogativas reales.

Barco de los conquistadores. Fuente: *Le Canarien.*

21

De vuelta de la corte en 1404, con nuevas tropas y pertrechos, Bethencourt se dispuso a acabar con la resistencia de Fuerteventura. La relación con su antiguo socio se hizo difícil y complicada, pues Gadifer entendía que era merecedor de un mejor trato, después de haberse encargado en solitario de las operaciones de conquista, abandonado a su suerte durante dos años, lo que lo llevó a solicitar, sin resultado, al ahora señor de Canarias el derecho de conquista sobre alguna isla mediante una expedición por su cuenta y riesgo. A pesar de ello, pudieron al fin llegar a un acuerdo para acometer conjuntamente la conquista de Fuerteventura.

En 1404, cuando los normandos llegaron a Fuerteventura, se encontraron con la existencia de dos demarcaciones en que se dividía la isla, separadas mediante una pared de piedra seca que corría de un lado a otro del mar, a la entrada de la península de Jandía: Maxorata, al norte, gobernada por Guise; y Jandía, al sur, bajo el gobierno de Ayoze.

La isla había sido explorada con anterioridad por los hombres que habían quedado al mando de Gadifer, por lo que eran conocedores del territorio, razón por la cual decidieron desembarcar por la zona oeste, por el puerto natural de La Peña Horadada, para evitar ser rechazados por los indígenas majoreros.

En tierra tuvieron algunos encuentros con los naturales y, aunque alcanzaron pequeñas victorias, tuvieron serias dificultades para dar con ellos, pues, conocedores del territorio, les hacían escaramuzas y les hacían estirar por toda la isla las líneas de suministros, con el consiguiente riesgo en caso de un ataque por sorpresa.

La situación se complicaba aquí más que en Lanzarote[4], por lo que decidieron fortificarse para tener una base de operaciones

---

4   Sáenz Abad, R.: *La conquista de Canarias (1402-1496)*, Madrid, 2020, p. 13.

donde refugiarse y así evitar algún ataque por sorpresa que incidiera en el número de expedicionarios y, a la vez, intentar ir apresando a los indígenas que pudieran. Esta decisión los llevó a levantar dos fortalezas, cada una con uno de los socios como estratega, dado que la relación entre ambos se hacía cada vez más tensa.

Levantaron, pues, dos fuertes: el de Rico Roque, en la costa oriental, en la pendiente de una montaña, sobre una fuente de agua, en un lugar cercano a Pozo Negro, que queda bajo el mando y dirección de Bethencourt; y el de Valtarajal, en una zona abierta, cerca "de un río de agua corriente", en las inmediaciones de Betancuria, dirigido por Gadifer. A partir de este momento la operación se complica, ya que ambas fuerzas comienzan a operar de manera independiente, debilitando así sus efectivos, de tal modo que a los mahos les resultó más sencillo hacer frente a los invasores, que se encontraban ahora divididos. Tras no conseguir ningún avance en Fuerteventura, Gadifer decide abandonar la empresa y regresar a Francia, momento en que Bethencourt asume el mando único de la fuerza expedicionaria, sin ningún obstáculo ya para llevar adelante la conquista[5].

El normando inicia entonces una serie de escaramuzas que no le son muy favorables, pues en una de ellas mueren seis soldados y resultan heridos otros muchos, por lo cual las fuerzas se concentran en el castillo de Valtarajal, dejando abandonado el fuerte de Rico Roque, que es destruido con rapidez por los indígenas.

En estas luchas, los mahos se hacen fuertes a pesar de la desigualdad entre ambos contrincantes, pues los normandos contaban con armas y con personas con formación táctica y militar, mientras

---

5   Gómez Garay, J. M.: *Elementos jurídicos presentes en la conquista de Canarias. Fase señorial*, Universidad de La Laguna, TFG, 2022, pp. 13-15.

que los indígenas se defendían y atacaban de manera desorganizada, con piedras y palos, pero con más conocimiento del terreno.

Es en ese momento de debilidad cuando Bethencourt recibe refuerzos desde Lanzarote, entre ellos un grupo de aborígenes lanzaroteños bajo el mando de Guadarfía, bautizado como Luis, en honor del rey de Francia. Este refuerzo le permite al conquistador iniciar nuevas expediciones por la isla, salir de la fortaleza donde se habían concentrado y buscar a los mahos, a la vez que reconstruye el fuerte de Rico Roque, para convertirlo en un segundo lugar de operaciones. Reforzado tanto en hombres como en armas y pertrechos, Bethencourt monta varias expediciones de castigo, hostigando a los naturales majoreros y provocando varios enfrentamientos que terminan con la victoria de los normandos, lo que hizo que los majoreros se refugiaran en las zonas más abruptas e inaccesibles de la isla [6].

Bautizo de los reyes indígenas de Fuerteventura. Fuente: *Le Canarien*.

---

6   *Ibid.*, p. 14.

A partir de entonces se produce la rendición de los habitantes de Fuerteventura, convencidos de que no podrían resistir mucho tiempo, debido al superior armamento de los conquistadores. Después de la rendición se llevó a cabo la cristianización de los indígenas, que se hizo a través de un intérprete, pues, tal como refiere la crónica, los dos reyes indígenas se presentaron ante el conquistador el 18 de enero de 1405 para rendirse, momento en que reciben el agua del bautismo, de tal manera que Guise fue bautizado como Luis y Ayose como Alfonso. Ambos fueron tratados con benignidad y pudieron permanecer en la isla; Bethencourt les concedió, además, tierras a cambio de la paz, y puso fin de esta manera la conquista de la isla. Junto con ellos fue bautizado un número importante de indígenas, sin ningún tipo de adoctrinamiento o de catequesis previa.

Terminada la empresa, se estableció el nuevo poblado en un valle fértil con abundantes palmas y se construyó una iglesia bajo la advocación de Santa María de Betancuria, en honor al conquistador.

Representación de los indígenas Guize y Ayose en la ermita de La Degollada (Betancuria), obra de Emiliano Hernández.

2. EL SEÑORÍO

La culminación de la conquista de Fuerteventura, así como la de Lanzarote y El Hierro, dio lugar a la existencia en la isla de un régimen señorial, que a su vez tuvo dos períodos: el primero es el denominado normando-francés, que duró muy poco tiempo, apenas dos décadas, y luego, a partir de 1418, se implanta el castellano-andaluz.

2.1. Período normando

La fase señorial normanda se caracterizó por la ausencia de intervención de los monarcas en amplios sectores de la vida insular, donde lo que dominaba eran las normas y leyes propias de Normandía con sus usos y costumbres, que se mantienen cuando Juan de Bethencourt abandona las islas en 1412 para retornar a su señorío en Francia y deja en su sustitución como señor y administrador del señorío a su sobrino-primo Maciot de Bethencourt, que como tal toma posesión de las islas señoriales e inicia la explotación de sus recursos. La crónica cuenta que Juan de Bethencourt, antes de partir, señaló a su primo y deudo

> … por mi teniente y gobernador de todas las islas y de todos mis asuntos, tanto en guerra como en justicia, en edificios, reparaciones, nuevas ordenanzas, según vea que pueda o que deba hacerlo y de cualquier manera que lo quiera hacer, o mandar hacer o disponer, sin ninguna reserva y mirando primero a mi honor y después a mi provecho y al del país; y a todos vosotros os encargo y ruego que lo obedezcáis como a mi persona y que no tengáis envidia los unos a los otros[7].

---

7   *Le Canarien*, T. II, p. 332.

También concede a Maciot impuestos y cargos, a la vez que le recomienda la construcción de iglesias.

Lo primero que se hizo en la isla en este periodo, tanto por Jean de Bethencourt, como por su deudo, fue hacer merced de tierras a cada uno de los que habían venido a conquistarla y a colonizarla. Así, como la crónica señala, "les entregó a cada uno una parte y pedazo de tierras, de casas y moradas"[8], mientras que a los reyes indígenas les señaló cuatrocientos acres a cada uno, y a los que había traído de Francia les eximió de pagar nada hasta cumplidos los nueve años, todo ello para favorecer el poblamiento y su estancia en la isla.

Asimismo, se dictaron otras disposiciones en materias diversas, tanto jurídicas como religiosas, entre ellas, según se cuenta en el texto de *Le Canarien*: "...y que lo más que podáis que respetéis los fueros de Francia y de Normandía, es decir en justicia y en otras cosas que os parecerá justo hacer". En efecto, tal como ha señalado M. Mollat, la organización dada por Bethencourt a las islas bajo su mando estaba calcada de las costumbres y leyes del feudalismo normando[9].

En el aspecto social estableció solo un sistema jerárquico con arreglo a la clásica estructura feudal, y así suprimió en las islas la servidumbre, de tal modo que todos los colonos fueron considerados libres y sus tenencias estuvieron francas de tasas durante los primeros nueve años. En cuanto a la aplicación de la justicia, dos agentes

---

8   *Le Canarien*, T. II, p. 320.
9   Mollat, M.: "La place de la conquête normande des Canaries (XV siècle) dans l'histoire coloniale française", *Anuario de Estudios Atlánticos*, 4, 1958, pp. 537-553.

la aplicarían en primera instancia, mientras que las apelaciones se harían ante el teniente de gobernador, es decir, Maciot, que juzgaría acompañado de un consejo formado por los habitantes más instruidos y notables.

Por tanto, se implanta en la isla un nuevo marco político-administrativo más propio de Francia que de Castilla y se organiza la sociedad en un señorío inmune con independencia política de acuerdo con el pacto feudal firmado entre el rey de Castilla Enrique III y Juan de Bethencourt, a quien se le había otorgado una serie de atribuciones, entre ellas la administración de la justicia, el derecho de acuñar moneda y el cobro del impuesto del quinto.

En esta etapa el gobierno de la isla estuvo en manos de Maciot, quien, como lugarteniente de Juan de Bethencourt, debía gobernar, regir y administrar las islas apoyándose en una curia de notables como asamblea asesora, tal como se contempla en la crónica normanda *Le Canarien*, más dos alguaciles como brazo ejecutor en cada isla, sin que se hable para nada de órganos vecinales, ni cabildos abiertos ni cerrados, tal como se contempla en el Fuero.

2.2. Período castellano-andaluz

Este período, durante el que se intentó transformar las islas en un señorío jurisdiccional como los existentes en Castilla, comienza en 1418, cuando el heredero del señor normando, su sobrino Maciot de Bethencourt, acuciado por las deudas, entabló concertaciones con el conde de Niebla, don Enrique de Guzmán, uno de los nobles andaluces más influyentes, a fin de hacerle donación y venta del señorío de Canarias. La transacción se llevó adelante en dicho año, reservándose Maciot el gobierno y administración de la isla de Lanzarote, "con una titulación y atribuciones un tanto confusas"[10], como reserva de la administración y quinto de la renta, mientras que el conde de Niebla era el tenedor.

Los traspasos del normando al conde de Niebla no fueron vistos de buen grado por el monarca castellano Juan II, que en 1420 dicta una orden por la que asigna a Alfonso de las Casas el derecho de conquista de las islas que quedaban aún sin dominar, estableciendo una serie de condiciones con las que pretendía reforzar el poder monárquico sobre el territorio. Tras muchos años de disputas, el 25 de marzo de 1430, ante la Audiencia de Sevilla, el conde de Niebla se vio finalmente forzado a ceder y vendió las islas a la familia Las Casas.

En el periodo en que las islas estuvieron bajo la sujeción de don Enrique de Guzmán, les fue otorgado fuero, que en este caso fue el de Niebla, una de las versiones bajoandaluzas del Fuero de Toledo, que fue implantado en primer lugar en Fuerteventura en noviembre de 1418 por el citado conde, en el que leemos "dar favor e ayuda a vos los mis vasallos e naturales e vesinos de la mi isla de Fuerteventura (…) dos vos por privilegio el fuero en que es poblada la mi villa de Niebla...". Se sabe que este mismo fuero fue concedido al resto de islas de su señorío[11].

En la concesión del fuero se describe cómo era la situación de las islas en el momento de su concesión, pues en el otorgamiento de la escritura donde se concede se señala:

10 Rumeu de Armas, A.: *La conquista de Tenerife*. Santa Cruz de Tenerife, 1975, p. 71.
11 Pérez Camarma, A.: "El modelo político seguido en las Islas Canarias concerniente a su incorporación a la Corona de Castilla", *XIX Coloquio de Historia Canario-Americana (2010)*, Las Palmas de Gran Canaria, 2012, pp. 845-862.

> Porque soy informado que en los tiempos pasados fasta aquí avedes sofrido muchas angustias e trabajos, asy por los temporales del çielo cómo por guerras y persecuçiones del algunas personas de quién avedes seudo perseguidos e atribulados non debidamente, e por suspentar e relevar e algunos tributos que tendeles fasta aquí por vuesta petiçión me enbiastes decir que vos heran graves e que me pluguiese a mi merced de los atenplar[12].

En un documento aportado posteriormente por los vecinos de Lanzarote, en el pleito que entablan con los señores, se ratifica por parte de Enrique de Guzmán la concesión del fuero de Niebla a los habitantes de Fuerteventura en compensación

> por los muchos y leales seruiçios que avedes fecho a Mosén Iohan de Betancor, (...) e porque más seades obligados de aquí adelante a me ser leales e verdaderos vasallos (...), e porque soy ynformado que en los tiempos pasados fasta aquí avedes sofrido muchas angustias e trabajos.

De igual modo se exime a los habitantes de Fuerteventura de tener que pagar tributo alguno por el uso o la tenencia de sus propios bienes, incluyéndose el ganado; sin embargo, los que en adelante se instalasen en Fuerteventura deberían pagar el quinto, tanto por los ganados como por los frutos del campo[13].

---

12 Bello Jiménez, V. y E. Pérez Herrero.: *Traspaso de las Islas Canarias al conde de Niebla*. Madrid, 2018, p. 35.

13 Aznar Vallejo, E.: *Pesquisa de Cabitos*. Las Palmas de Gran Canaria, 1990, pp. 80-81.

Betancuria.

Los sucesivos titulares del señorío, en su mayoría pertenecientes a linajes sevillanos, no basaron su poder en un "pacto feudal" con los reyes, sino que se trató de una "delegación jurisdiccional", convirtiéndose así estos señores en representantes de aquellos. Por consiguiente, fue aplicada la legislación castellana, creando un modelo jurídico, solariego y jurisdiccional, donde el señor se convierte en la figura principal con prerrogativas para conceder mercedes de tierra a los pobladores, en su mayoría andaluces y castellanos; detentar algunos monopolios como cobrar tributos a los pobladores, especialmente el conocido como derecho de quintos, impuesto que se convirtió en el principal recurso de administración señorial, que recaía sobre la exportación de los principales productos que se producían en la isla, especialmente cereales y ganado; ejercer la justicia en el territorio en primera instancia, quedando reservadas las apelaciones a la Corona; ostentar el mando militar de su territorio y nombrar los oficios públicos, tanto de justicia como de guerra, especialmente los del cabildo, de tal modo que así se constituyó una administración de confianza supeditada al señor. Sin embargo, dicha institución estuvo marcada por su debilidad, por causa de la falta de medios y de pobladores suficientes, ya que los propios señores contaban con pocos recursos.

El señorío de Canarias se mantuvo a lo largo del siglo XV en manos de los sucesivos titulares, hasta que, con la creación de un mayorazgo y la última voluntad de los señores Inés Peraza y Diego García de Herrera, se divide, primero, en dos, el occidental y el oriental, conformado este por las islas de Lanzarote y Fuerteventura, que se reparte en doceavas partes indivisas entre tres de los hijos del matrimonio, lo que implicó un condominio inestable, propicio a los litigios, como así fue. De ahí surgirá el señorío de Fuerteventura, que arranca de la línea hereditaria de doña Constanza Sarmiento, los Saavedra, como veremos más adelante.

Primeros señores de Canarias y de Fuerteventura

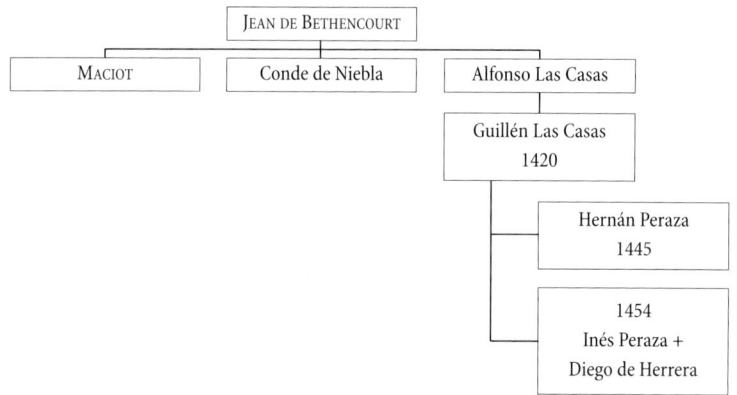

Los señores de ambas islas mantuvieron diferentes litigios a lo largo del siglo XVI, que se sustancian en varias concordias, especialmente entre los titulares de Lanzarote y Fuerteventura, en parte por celos entre ambos, sobre todo, pero en parte, también, por el ascenso político de don Agustín de Herrera y Rojas, marqués de Lanzarote, con el correr de los años. De hecho, Rumeu justifica tal distanciamiento con estas palabras:

> Los triunfos de don Agustín de Herrera en el terreno militar, su aumento de poder en la gobernación de las islas y los honores con que recompensó la Corona sus valiosos servicios, fueron diversos motivos que distanciaron a Herreras y Saavedras convirtiéndolos en familias antagónicas[14].

Esta no va a ser ni la primera ni la última desavenencia entre ambos parientes, antes al contrario, la tirantez entre ambos va a ir tensándose con el discurrir de los acontecimientos, y se visualiza en asuntos tales como el del derecho de recoger y navegar la orchilla por las partes de la dehesa de Jandía, por la prerrogativa de las entradas en Berbería, por la extracción de los frutos de la tierra, pero, sobre todo —como tema capital—, por la jurisdicción de la isla de Fuerteventura, que don Gonzalo de Saavedra, su mujer doña María de Moxica y sus descendientes van a defender con todas las armas a su alcance, saliendo siempre victoriosos en tales lances.

---

14   Rumeu de Armas, A.: *Piraterías y ataques navales contra las Islas Canarias*, Madrid-1947-1950, T.II, 1ª parte, p. 97

El convento franciscano de Betancuria.

Uno de los conflictos más sonados tuvo que ver con el yerno de don Agustín de Herrera, Gonzalo Argote de Molina, quien, a la muerte de Gonzalo de Saavedra, el Viejo, haciendo acto de presencia en la isla para recibir vasallaje de sus habitantes, no duda en tratar de dominar el señorío de Fuerteventura, que habría conseguido si no se lo hubiesen impedido el alcalde mayor Miguel Hernández Negrín y Gonzalo de Saavedra, el Joven. Este intento es frenado por una real cédula de Felipe II, de 16 de mayo de 1590, por la que se mantiene en el señorío de Fuerteventura a los Saavedra, respaldada por otras posteriores, acabando así con las pretensiones de los Herrera[15].

---

15 Roldán Verdejo, R. y C. Delgado González: *Acuerdos del Cabildo de Fuerteventura 1605-1659,* La Laguna, 1970, p. 13.

Estos conflictos familiares, zanjados a comienzos del siglo XVII con una nueva concordia entre ambas familias, se ven sucedidos en los siglos siguientes por otros pleitos más importantes que tienen que ver con problemas sucesorios y testamentarios con otras casas señoriales de la Península, en especial con las casas de Lerma y Medinaceli, en virtud del testamento del señor don Fernando de Saavedra otorgado a fines del siglo XVI en Madrid, pleitos que irán resquebrajando la solidez política de los señores en favor del poder real[16].

Por otra parte, el poder señorial también comienza a resentirse por haber cambiado los señores su residencia a la isla de Tenerife, convirtiéndose en absentistas, lo que genera una mayor libertad en el vecindario y cabildo, aunque no descuidaron el cobro de los tributos, extremando el rigor hasta tal punto que, en el año 1688, el alcalde mayor, nombrado por el señor, sentencia, además, como administrador señorial, en contra de los intereses de quien lo había nombrado. A ello se une la presión constante a través de la Audiencia de Canarias y del capitán general para menoscabar el poder señorial en beneficio del real, tanto poniendo trabas a la facultad que tenía el señor para nombrar oficios públicos, como atrayendo a su favor a las familias más representativas de la isla o metiendo cizaña en el pueblo en contra del señor en algunos asuntos como la saca de cereal o el cobro del impuesto de quintos[17].

En el siglo XVIII, aunque se mantenga el señorío, aunque con residencia en la isla de Tenerife, con alguna visita ocasional a Fuerteventura, su poder va decayendo, ante el incremento del poder

---

16 Roldán Verdejo, R.: "Canarias en la Corona de Castilla", en Bethencourt Massieu, A. (ed.), *Historia de Canarias*, Las Palmas de Gran Canaria, 1995, p. 291.

17 Roldán Verdejo, R. y C. Delgado González: *Acuerdos ... 1605-1659*, p. 12.

real en las islas favorecido por las trabas que ponían el comandante general y la Audiencia a los deseos de los señores La causa principal, con todo, hay que buscarla en el absentismo de los señores y en su implicación en el gobierno de Tenerife, donde ostentaban regidurías y otros oficios. A ello se une la menor rentabilidad económica del señorío, que hacía disminuir, lógicamente, el interés por él de sus titulares.

A todo ello se une la creación de la figura de los coroneles de milicias en 1709, que, en teoría, debía ser nombrado por el señor, si ejercía la posesión efectiva; pero, al no ejercerla, lo hacía el comandante general.

La nueva figura, presente en la isla, elegida entre majoreros acomodados, se convierte en la correa de trasmisión del comandante general, que se vale de él para recortar la influencia del señor. Estos delegados se van a convertir durante el siglo XVIII en los personajes con el mayor poderío económico y político, al depender de ellos gran parte de la población campesina, en especial los jornaleros agrícolas que trabajaban en sus posesiones. Se convertirán, en fin, en las figuras más importantes y de mayor riqueza, al asociarse a la acumulación de poder el aumento de la riqueza, frente una población cada vez más empobrecida.

A todos estos acontecimientos se une la reforma municipal de 1766, que afecta a los municipios señoriales, según una Real Cédula de 1772 que ayuda a minorar aún más el poder del señor, al quedar fuera de la capacidad de nombramiento del titular las figuras del personero y diputado del común y la del alcalde mayor, cuyo nombramiento tenía que efectuarse entre dos nombres que debía proponerle el pueblo[18].

---

18 *Ibid.*, pp. 309-311.

3. LOS SEÑORES

Como ya se ha indicado, el señorío en Fuerteventura conoció varias etapas, que coinciden en el tiempo con el resto de islas señoriales. En los primeros años del siglo XV estaba regido y administrado por los nobles normandos, pero tras el traspaso de Maciot de Bethencourt al conde del Niebla, este pasó a ser el titular y que otorgó a las islas el fuero que será mantenido y respetado por la familia Las Casas y Peraza, hasta el momento en que los propios titulares favorezcan la disgregación, a partir de la creación de un mayorazgo con las islas de La Gomera y El Hierro. Posteriormente se produjo el reparto de las islas de Lanzarote y Fuerteventura en doceavas partes indivisas entre los herederos de doña Inés Peraza. Por ello, para entender bien la evolución del señorío y de los señores titulares de Fuerteventura[19] tenemos que remontarnos a fines del siglo XV, momento en que los señores de Canarias, Diego García de Herrera e Inés Peraza, decidieron dividirlo entre sus herederos, lo cual va a ocasionar una serie de pleitos que se sucedieron en el tiempo y alcanzaron cierta virulencia a fines del siglo XVI[20].

---

19 El desarrollo más extenso de la evolución de los titulares del señorío en el siglo XVI puede seguirse en Lobo Cabrera, M. y F. Bruquetas de Castro: *Don Gonzalo de Saavedra y doña María de Moxica, señores de Fuerteventura*, Puerto del Rosario, 2013.

20 Lobo Cabrera, M. y F. Bruquetas de Castro: *Don Agustín de Herrera y Rojas, primer marqués de Lanzarote*, Madrid, 1995, pág. 27. En el *Memorial Ajustado del Estado de Lanzarote* conservado en el Archivo Histórico Provincial de Las Palmas, AHPLP: Audiencia, Procesos, 1987 (1771) consta en la llamada 142ª que entre don Agustín de Herrera y Rojas, primer marqués de Lanzarote, y don Gonzalo de Saavedra y doña María de la O Moxica, su mujer, y después don Fernando Arias y Saavedra, don Gonzalo de Saavedra y doña Juana de Mendoza, sus hijos, y más adelante entre doña Mariana Manrique, como tutora del segundo marqués, y don Andrés Lorenzo Arias,

3.1. La creación del mayorazgo de Canarias

En el año 1454 el Señorío de Canarias pasó a Inés Peraza, que casó con Diego García de Herrera. No es extraño que sucediera así, porque, como es sabido, el hermano de Inés, Guillén Peraza, había muerto a manos de los antiguos canarios en La Palma (1448)[21]. El Señorío de todas las islas, en todo caso, era hasta ese momento nada más que teórico, pues en la práctica afectaba a cuatro islas, tres de ellas ocupadas desde la época de Jean Bethencourt, es decir: Lanzarote, Fuerteventura y el Hierro, y la Gomera, añadida al señorío por Diego García de Herrera. Así pues, quedaban tres islas por conquistar efectivamente: Gran Canaria, Tenerife y La Palma.

La ocupación de estas islas provocó un nuevo litigio y la consiguiente pesquisa[22], lo que culminó en la concordia firmada en 1477 por los Reyes Católicos y los titulares del señorío canario, para que la corona castellana pudiera asumir la conquista de las tres islas que aún quedaban irredentas[23].

Así fue como el Señorío de Canarias quedó reducido a las cuatro primeras islas citadas. Más adelante Inés Peraza y Diego García de Herrera tomarían la medida de hacer una nueva división del Señorío de estas cuatro islas entre sus hijos, fundando diversos ma-

---

se siguieron diferentes pleitos, a saber: sobre la jurisdicción de la isla de Fuerteventura, sobre la facultad de coger orchillas y comerciarlas, sobre la dehesa de Jandía, sobre las entradas en Berbería, sobre cargar frutos de la tierra sin pagar quintos, sobre el agua de los pozos, sobre jurisdicciones y sobre el ámbar, etc.

21 Rumeu de Armas, A.: "El Señorío de Fuerteventura en el siglo XVI", *Anuario de Estudios Atlánticos*, 32, 1986, pp. 18-19.
22 Aznar Vallejo, E.: *Pesquisa de Cabitos…*
23 Archivo Histórico Provincial de Las Palmas: Audiencia; Procesos, Exp. 1987 (1771): "Memorial Ajustado del Estado de Lanzarote y Fuerteventura", Documento 2, llamada 96.

yorazgos e instituyendo por una parte el Señorío de La Gomera y el Hierro, y por otra el Señorío de Lanzarote y Fuerteventura[24]. Este último, además, lo dejaban en herencia dividido en doceavas partes entre los tres hijos menores del matrimonio.

Una de las disposiciones importantes que tomaron los señores fue la solicitud que hicieron a los Reyes Católicos impetrando autorización para fundar mayorazgo. Esta petición fue atendida por los reyes, quienes expidieron en la ciudad de Toro el 25 de noviembre de 1476 una carta real en la que les concedían facultad para crear *"un mayorazgo o dos o tres…, por título de donación o por título de contrato o por testamento"*, al mismo tiempo que les otorgaban potestad para elegir entre sus hijos el o los beneficiarios de tales mayorazgos, dejando a salvo el derecho de revocación[25], para poder decidir en libertad lo que quisieran hacer en última instancia.

En 21 de agosto de 1482 doña Inés Peraza, en su primer testamento, signado en la ciudad de Sevilla, otorgó la fundación de mayorazgo en cabeza de su segundo hijo, Fernán Peraza, cuya cláusula principal decía:

> Mando… que Fernán Peraça, mi hijo, haya de mejoría e mayorazgo todas las islas que son llamadas de Canaria [se refiere a las que pertenecían al Señorío, es decir, Lanzarote, Fuerteventura, Gomera y Hierro], así por la forma y vía que yo las tengo y poseo, y con todos sus pechos y derechos…[26].

No obstante, doña Inés Peraza mantuvo en solitario la gobernación y reguardía del Señorío después del fallecimiento de su ma-

---

24 Peraza de Ayala, J.: "El linaje español más antiguo de Canarias", *Revista de Historia*, 39-40, pp. 217-231. Archivo Acialcázar, legajo "Saavedra".

25 Rumeu de Armas, A.: "El Señorío de Fuerteventura…", p. 21.

26 *Ibid.*

rido, Diego García de Herrera, quien expiró en Santa María de Betancuria el 22 de junio de 1485[27]. Al año siguiente doña Inés resolvió dejar una escritura en la que señala que su hijo predilecto era el segundo, por lo que hizo

> … pura e justa, perfecta donación… entre vivos, e no revocable, agora e para siempre jamás, a vos Fernán Peraça, mi hijo legítimo que sois e del dicho Diego García de Herrera, mi marido, que estáis presente, toda mi isla del Hierro, que es en las islas de Canaria, la postrera de ellas…,

la cual firmó en la villa de Moguer el 28 de junio en presencia del escribano Fernando de Jerez[28].

La ratificación de estas disposiciones llegó quizás con el acto más importante en cuanto a la estructuración del Señorío de Canarias en la escritura de mayorazgo otorgada dos años más tarde por doña Inés Peraza en Sevilla el 15 de febrero de 1488[29], pues de él dependieron los acontecimientos que se desencadenaron posteriormente. Para ello doña Inés contaba con la licencia que le había otorgado su esposo, Diego García de Herrera, cuando aún vivía, y que había suscrito en Lanzarote el 12 de septiembre de 1480, así como las sugerencias que en idéntico sentido había expresado este en su testamento; por lo tanto, declaró beneficiario exclusivo al segundo hijo, Fernán Peraza. La cláusula más importante decía:

> …vos hago esta donación de mayorazgo, es a saber, de las islas de Canaria, de Lanzarote e el Hierro e la Gomera e Fuerte-

---

27 *Ibid.*
28 *Ibid.*, p. 23.
29 Realizado en presencia del escribano Bartolomé Sánchez de Porras. Vid. Rumeu de Armas, A.: "El Señorío de Fuerteventura…", p. 23.

ventura, e de todas las otras que de derecho e acción tengo a ellas...[30].

Además, en el caso de que Fernán Peraza no tuviese descendencia legítima, fijaba el orden sucesorio del mayorazgo en las estirpes de sus hermanos Sancho de Herrera, María de Ayala y Constanza Sarmiento.

3.2. La división del señorío: oriental y occidental

Todo parecía que iba a quedar en paz en el Señorío de Canarias tras el mayorazgo instituido por doña Inés Peraza en cabeza de su segundo hijo Fernán Peraza; sin embargo, en el mismo año 1488 en que tuvo lugar la fundación del mayorazgo, una tragedia conmovió a la familia Herrera-Peraza, pues este beneficiado heredero fue inmolado por sus vasallos gomeros[31], al parecer debido al mal comportamiento mostrado con sus feudatarios; y la temerosa viuda, Beatriz de Bobadilla, creyendo estar en peligro de muerte, quedó encerrada con sus hijos en la torre de San Sebastián, en espera de una pronta liberación[32].

La situación resultante dejaba a la viuda Beatriz de Bobadilla como usufructuaria del Señorío en nombre de sus hijos, pero las malas relaciones que mantenía con su suegra se agravaron al desatender los consejos que esta le daba; además, una vez que obtuvo

---

30 AGS: Archivo General de Simancas, Consejo Real, leg. 2, fol. 3-II, pp. 1-15. Proceso del Mayorazgo del de doña Inés Peraza, pp. 185-186. Citado por Rumeu de Armas, A.: "El Señorío de Fuerteventura...", p. 23. Las "otras islas" a las que se refiere este documento son las deshabitadas y los islotes aledaños a las islas mayores del señorío.

31 "... hartos de padecer abusos y tropelías", dice Rumeu de Armas, A.: "El Señorío de Fuerteventura...", p. 24.

32 *Ibid.*

la tutela legal de los huérfanos, Beatriz de Bobadilla comenzó a actuar como verdadera dueña y señora de La Gomera y El Hierro, de espaldas por completo a la autoridad de doña Inés Peraza, y para ello se presentó en Sevilla y obtuvo una copia legalizada de la fundación del mayorazgo, con la cual se trasladó hasta el campamento de Santa Fe, donde pidió la confirmación de la escritura de primogenitura por parte de los Reyes Católicos, quienes sin dudarlo se la otorgaron el 8 de mayo de 1492[33].

Estos acontecimientos y una serie de pleitos y disputas entre ambas mujeres llevaron al ánimo de doña Inés Peraza a dividir y fraccionar el Señorío, pues sus hijos, alarmados, y convenientemente instruidos sobre su cuñada, solicitaban no quedar a expensas de ella; de ahí que en 1502 doña Inés Peraza hiciera donación "inter vivos, pura e irrevocable" de las islas de Lanzarote y Fuerteventura a sus hijos menores, Sancho de Herrera, María de Ayala y Constanza Sarmiento por doceavas partes.

En el segundo y último testamento de doña Inés Peraza, otorgado en Sevilla, el 1 de febrero de 1503, ante el escribano Bartolomé Sánchez de Porras, volvió a aprobar la donación que había hecho a sus hijos de las islas de Lanzarote y Fuerteventura, la cual realizó mancomunadamente en dozavos, como se ha dicho: cinco para Sancho de Herrera, cuatro para María de Ayala y tres para Constanza Sarmiento[34]. Por lo tanto, queda meridianamente claro que doña Inés Peraza revocó en su testamento el mayorazgo de las Islas Canarias que había fundado en cabeza de su segundo hijo, y

---

33   Rumeu de Armas, A.: "Cristóbal Colón y Beatriz de Bobadilla en las antevísperas del descubrimiento", *El Museo Canario*, 75-76, 1960, pp. 262-263.

34   Rumeu de Armas, A.: "El Señorío de Fuerteventura…", p. 26. Vid. Pellicer de Tovar, J.: *Memorial de la calidad y servicios de los señores de Fuerteventura, en las Canarias, del apellido de Saavedra*, Madrid, 1647, fs. 8v-9r.

a partir de entonces, Lanzarote y Fuerteventura aparecen segregadas del Señorío de Canarias y fraccionadas en dozavos, yendo el Señorío de La Gomera y El Hierro, por una parte, y Lanzarote y Fuerteventura por otra independiente.

3.3. El primer pleito por el señorío de Canarias y el reparto de la jurisdicción

Al fallecer en febrero de 1503 doña Inés Peraza, Señora de las Canarias, se presentó la reclamación de doña Beatriz de Bobadilla demandando todo el Señorío; y como había contraído matrimonio en segundas nupcias con el Adelantado Alonso Fernández de Lugo, el conquistador de Tenerife y La Palma se presentó a tomar posesión de las islas orientales en nombre de sus hijastros (Guillén Peraza e Inés de Herrera), llevando a cabo diversos actos simbólicos en Fuerteventura mientras era rechazado por las armas en Lanzarote[35].

Rumeu de Armas cuenta cómo el proceso sobre el dominio político de las Islas Canarias se litigó ante el Consejo Real por espacio de largos años. Se había iniciado en el propio año 1503 con la disputa judicial sobre la validez del mayorazgo de Canarias, continuó con la presentación de pruebas por parte de los hermanos Herrera-Peraza, impugnando el vínculo que ligaba las islas de Lanzarote y Fuerteventura al Señorío de Canarias, y defendiendo la donación "inter vivos", realizada por su madre, de las dos islas orientales; para finalizar, después de un año de "secuestro" por parte del Consejo Real[36], en un arreglo que no contentó a todos los litigantes.

---

35 Rumeu de Armas, A.: "El Señorío de Fuerteventura…", p. 26.
36 *Ibid.*, pág. 28. El ejecutor de la provisión de secuestro fue el doctor Alonso Escudero, juez de residencia de la isla de Gran Canaria.

La parcelación en dozavos de la propiedad señorial de las islas de Lanzarote y Fuerteventura llevó a los tres hermanos y a sus descendientes a intitularse mancomunadamente "señores" en parte de Lanzarote y Fuerteventura, disfrutando de las rentas cada uno en proporción a su "propiedad" o a lo que le correspondía de su "posesión" en dozavos del señorío. Diferente sería el caso con respecto a la jurisdicción de ambas islas, pues el poder o autoridad que tenían para gobernar cada isla, como señores de ellas, lo compartieron solamente Sancho de Herrera y Pedro Fernández de Saavedra, casado con la menor de los hermanos, Constanza Sarmiento. El acuerdo tácito entre los cuñados debió hacerse expreso en algún momento, estableciéndose entre ellos que Sancho de Herrera gobernaría Lanzarote y Pedro Fernández de Saavedra lo haría en Fuerteventura (en nombre de su esposa e hijos)[37]. Y de este modo fue como se consolidó la posesión señorial en ambas estirpes, que acabó por convertirse en inmemorial con el correr del tiempo.

Sancho de Herrera además obtuvo el título de gobernador y el nombramiento de primer señor de Lanzarote, cuando se produjo el "reparto" del señorío de aquellas islas, mientras que su hermana Constanza Sarmiento recibía el nombramiento de primera señora de Fuerteventura, quedando María de Ayala, casada con el conde de Portalegre, aunque era mayor en edad que la anterior, con cuatro dozavos del señorío de ambas islas, pero sin ningún poder jurisdiccional en ellas. Definitivamente, el legado de las islas de Lanzarote y Fuerteventura se realizó en cuanto a la propiedad territorial por dozavos, aunque algún documento afirme que se hizo por partes iguales[38]; y la jurisdicción se dividió solo entre dos par-

---

37 *Ibid.*, pág. 30.
38 La razón de que exista esta especie de controversia es porque cuando Diego de Herrera e Inés Peraza recibieron autorización regia para fundar mayo-

tes, como hemos visto, correspondiendo a Sancho de Herrera la isla de Lanzarote y a Constanza Sarmiento la de Fuerteventura.

3.4. Constanza Sarmiento y Pedro Fernández de Saavedra, primeros señores de Fuerteventura

Constanza Sarmiento, Señora de Fuerteventura, era la hija menor del matrimonio formado por Inés Peraza y Diego García de Herrera, la cual contraería nupcias con Pedro Fernández de Saavedra a quien le dejaría la potestad de gobernar la isla de Fuerteventura en su nombre, así como la administración de la parte que le correspondía en la otra isla, es decir, los tres dozavos de lo que le pertenecía del señorío en ambas islas orientales.

Parece ser que el concierto matrimonial entre Pedro Fernández de Saavedra y doña Constanza Sarmiento se convino en 1477, con ocasión del viaje que habían realizado a la corte los padres de la novia, con objeto de hacer traspaso a los Reyes Católicos del derecho de conquista sobre las tres islas irredentas: Gran Canaria, Tenerife y La Palma[39]. Según Viera y Clavijo, los esponsales se celebraron en la villa de Teguise, capital de Lanzarote, previo traslado a la isla del novio, siendo la fecha más probable la del año

___

razgo, como ya dijimos, lo hicieron en primera instancia en el mayor de los cinco hermanos, para luego volver a rehacerlo tras desheredar a Pedro, el primogénito, y mejorar al segundogénito, Fernán Peraza, con el Señorío de La Gomera y El Hierro. Y una vez que este falleció y la viuda, Beatriz de Bobadilla, pleiteó contra doña Inés Peraza, esta decidió repartir entre los otros tres hermanos las dos islas de Lanzarote y Fuerteventura divididas en doce partes.

39 Abreu Galindo, J.: *Historia de la conquista de las siete Islas de Canaria,* Santa Cruz de Tenerife, 1977, pp. 95-96. Viera y Clavijo, J.: *Noticias de la Historia General de las Islas Canarias*, Santa Cruz de Tenerife, 1967, T. I, p. 451; citados por A. Rumeu de Armas en "El Señorío de Fuerteventura…", p. 36.

1479[40]. Nuestro insigne polígrafo da por supuesto que las bodas se celebraron "con aquel género de regocijos simples que en tan buenos tiempos acompañaban todavía a las teas nupciales"[41].

Una vez que terminaron de celebrarse los esponsales, la isla de Lanzarote se preparó con movimientos de tropas para emprender una expedición ultramarina[42], que no iba dirigida a las islas que aún permanecían irredentas, sino a las vecinas costas africanas. Según Viera, "el espíritu intrépido de los Herrera, que era el de los españoles de su siglo, acalorado del valor de Saavedra, su yerno, se había enderezado enteramente hacia las costas de África fronterizas a Lanzarote, donde él y sus hijos habían ejecutado diferentes incursiones, cautivando considerables partidas de moros…"[43]. Hacia la costa donde se hallaba ubicada Mar Pequeña, y que distaba unas treinta y tres leguas de Lanzarote, se dirigieron Diego de Herrera y su yerno, junto a Juan Alonso de Sanabria, gobernador de Fuerteventura, con otros caballeros, tropa, armas y municiones suficientes. El desembarco tuvo lugar hacia la media noche por la desembocadura del río que los berberiscos llamaban el Vado del Mediodía, que formaba una bahía, en aquel tiempo navegable hasta tres leguas tierra adentro. Allí se pusieron manos a la obra y en breve tiempo construyeron la fortaleza que, coronada de artillería, quedaba en buenas manos al habérsele asignado una respetable guarnición, al mando de la cual se dejó a Alonso de Cabrera[44].

---

40   Rumeu de Armas, A.: *España en el África Atlántica,* Madrid, 1956. T.I, p. 138.

41   Viera y Clavijo, J.: *Noticias…*; citado por A. Rumeu de Armas en "El Señorío de Fuerteventura…", p. 38.

42   Viera y Clavijo, J.: *Noticias…,* tomo I, p. 451.

43   "… y pillando muchos caballos, camellos, vacas y ganado menor."

44   *Ibid.*, pp. 451-453. La fortaleza de Mar Pequeña, construida por Diego de Herrera, fue tomada por los moros y demolida en 1524.

Escudo de Fuerteventura.

Puede decirse que desde aquel momento Saavedra convirtió la costa occidental de África en el principal teatro de su valor. De hecho, no fue solo durante su vida el azote de aquellas tribus berberiscas, sino que dejó abierta a sus descendientes una carrera militar que ellos procuraron seguir con un tesón digno de los tiempos más famosos de la caballería[45]. Así nos dice Viera[46], con la glosa del tiempo que le caracteriza, que podríamos tejer aquí el prolijo catálogo de los progenitores de Pedro Fernández de Saavedra, primer señor de Fuerteventura, en donde campeasen muchos ricos

---

45   Viera y Clavijo, J.: *Noticias...*, T. 1, p. 802.
46   *Ibid.*, p. 797.

hombres de pendón y caldera que desde el principio de la restauración de España florecieron en el reino de Galicia, su solar primitivo, y luego en el de Castilla y León, hasta que, trasmigrando, insaciables de honor, a la conquista de Andalucía, recogieron los frutos de sus proezas.

Pedro Fernández de Saavedra, que había llegado a Lanzarote acompañando a sus suegros, desde muy pronto fijó su residencia en la isla de Fuerteventura[47], al ser la que estaba destinado a gobernar, por lo que de inmediato se pusieron a su cuidado e inspección todas las cosas concernientes al buen régimen de aquel lugar.

El matrimonio formado por Pedro Fernández de Saavedra y doña Constanza Sarmiento fue prolífico, pues de tal unión nacieron seis hijos: (1) Fernán Darias de Saavedra, del que hablaremos más adelante; (2) Sancho de Herrera, provincial de la Santa Hermandad de Andalucía y veinticuatro de Sevilla, quien contrajo matrimonio con Ana Mallart, hija de Tomás Mallart, caballero inglés, y de doña Beatriz Mallart; (3) Fray Vicente Peraza, fraile del convento dominico de San Pablo de Sevilla, donde tomó los hábitos el 5 de abril de 1506, siendo después promovido a la dignidad de obispo de Santa María de la Antigua de Darién por bula del pontífice León X, expedida en Roma 4 de diciembre de 1520[48]; (4) doña Inés Peraza, que murió soltera entre 1506 y 1510; (5) doña Juana de Mendoza, casada con Juan de Pineda, escribano mayor del cabildo de Sevilla; y (6) Sor María de Ayala, monja profesa en Sevilla y llamada así como su tía[49].

---

47 *Ibid.*
48 Fernández Bethencourt, F.: *Nobiliario y blasón de Canarias,* t. I, pp. 97-98.
49 Seguimos aquí a Rumeu de Armas en su artículo "El Señorío de Fuerteventura...", pues allí depura la información genealógica que daba Pellicer de Tovar en el *Memorial de los señores de la isla de Fuerteventura del apellido*

El primogénito de este matrimonio fue Fernán Darias de Saavedra, segundo señor de Fuerteventura, como se intituló siempre, que solo heredó un dozavo del señorío, mientras que su hermano Sancho de Herrera II, siendo menor, obtuvo una mejora en su herencia al recibir dos dozavos del mismo señorío, sin ninguna parte jurisdiccional. Así lo dejó dispuesto su madre viuda, doña Constanza Sarmiento, señora en parte de Lanzarote y Fuerteventura y detentadora de la jurisdicción plena sobre esta última isla.

3.5. Fernán Darias de Saavedra, segundo señor de Fuerteventura

Asumió el gobierno de la isla entre 1505 y 1506, aunque su padre, Pedro Fernández de Saavedra, estaba vivo y se hallaba en Sevilla en 1510[50], por lo que tampoco disponemos de información para saber si mientras vivió su padre hubo un ejercicio compartido del poder político, tal y como supone Rumeu de Armas; sin embargo, sí sabemos que Fernán Darias contrajo matrimonio en Las Palmas alrededor de 1515 con doña María de Sosa, hija del gobernador de Gran Canaria, Lope de Sosa, y de su esposa doña Inés de Cabrera[51], a quien entregaron en dote 4 000 ducados, y de su esposo recibió en concepto de arras 2 000 doblas[52].

Volviendo a Viera y Clavijo, este pondera el papel de Fernán Darias de Saavedra en las empresas africanas, resaltando que fue quien más se distinguió en este género de empresas militares, a quien siempre llamaron el "campeón africano" y el Mariscal, en

Saavedra… así como la que aporta Viera y Clavijo y las rectificaciones del *Nobiliario de Canarias* de Fernández Bethencourt.

50 Viera y Clavijo, J.: *Noticias…*, T. 1, p. 806, en nota al pie del editor, Alejandro Cioranescu.
51 Rumeu de Armas, A.: "El Señorío de Fuerteventura…", p. 52.
52 *Ibid.*, p. 56.

memoria del mariscal Fernán Darias, su abuelo, a quien era muy parecido"[53]. Nuestro "campeón africano" continuó detentando la jurisdicción alta y baja, mero mixto imperio y superintendencia de las armas de Fuerteventura[54], y por si eso fuera poco, dotó diferentes armadas a sus expensas y cautivó en varias ocasiones a un considerable número de infieles en las costas del África occidental, de tal modo que se convirtió en ejemplo para los descendientes de su estirpe, pues sus hijos Gonzalo de Saavedra y Pedro Fernández de Saavedra, con licencia especial de Felipe II, y sus nietos don Fernando y don Gonzalo ejecutaron muchas entradas en Berbería, de cuyos naturales se formaron en aquellas islas dos compañías de milicias con el nombre de compañías de los berberiscos[55], como veremos más adelante.

Fernán Darias de Saavedra y su esposa, doña María de Sosa, comenzaron a experimentar una serie de desavenencias conyugales a partir de 1520. La situación matrimonial llegó a ser tan tensa, que doña María tuvo que huir de las Islas Canarias y buscar refugio en la ciudad de Córdoba, donde se hallaba el domicilio materno, al verse expulsada con violencia de su casa en Santa María de Betancuria. La madre, doña Inés de Cabrera, en vista de semejante desafuero cometido por su yerno, decidió intervenir en el asunto, poniendo en conocimiento del emperador Carlos V las "tropelías cometidas por el señor de Fuerteventura". Se hicieron gestiones

---

53 Viera y Clavijo, J.: *Noticias…*, T. I, p. 599, donde añade que "en una sola ocasión hicieron en el pueblo de Adovar (probablemente se refiera a un *aduwar*- aldea), cerca de Tagaost, más de ciento cincuenta y ocho prisioneros. ¡Qué memorables irrupciones no ejecutó Sancho de Herrera, el viejo, en estas regiones africanas! Los ciervos que se conservan en los bosques de La Gomera son todavía monumentos de su valor".

54 *Ibid.*, p. 806.

55 *Ibid.*, pp. 599-600.

ante la corte, pero el matrimonio ya era imposible que se reconciliase, pues el señor de Fuerteventura se negó en rotundo a reanudar la vida marital con su esposa, a lo que se unía la propia ausencia de doña María de Sosa, que ya había puesto el mar de por medio, además de que en torno a 1524 presentó una demanda de divorcio y devolución de bienes ante el obispo de Canarias, apoderando para ello a su hermano Pedro Cabrera de Sosa y a Diego de Rojas, la cual se feneció un poco más adelante dándole la razón, aceptando el divorcio y resarciéndola de todas sus pérdidas económicas.

Con el camino expedito Fernán Darias de Saavedra, segundo señor de Fuerteventura, obtuvo la independencia de su mujer en el año 1537[56] y ya no tuvo problemas legales para continuar con la relación amorosa que lo ataba a sus concubinas; aquellas que según decía el proceso de divorcio "le alejaban de hacer vida marital con su esposa y le mantenían apartado de ella y amancebado con otras mujeres"[57].

Estas mujeres eran, al menos que sepamos, aquellas con las que llenaba habitualmente el vacío afectivo que resumía su vida. Una de ellas era la famosa Margarita de Cabrera, posiblemente una pariente de su exmujer, si nos fiamos de la coincidencia de los apellidos en una sociedad tan pequeña y endogámica como la de las islas

---

[56] Aunque no quedaron zanjadas las cuentas hasta que intervino como amigable componedor su excuñado e íntimo amigo Bernardino de Lezcano, regidor del Cabildo de Gran Canaria, y se pudo concluir el documento de transacción firmado ante el escribano de Las Palmas, Alonso de León, el 30 de septiembre de 1541. Posteriormente, Fernán Darias de Saavedra daría su aprobación a este documento en Fuerteventura, en la villa de Santa María de Betancuria, el 5 de octubre del mismo año, y por su parte doña María de Sosa otorgó su consentimiento en la ciudad de Córdoba el 1 de marzo del año siguiente.

[57] Rumeu de Armas, A.: "El Señorío de Fuerteventura…", p. 50.

señoriales en la época que tratamos. A esta Margarita de Cabrera la convertiría el señor en madre natural de su hijo primogénito Gonzalo de Saavedra, mientras que el segundo de los vástagos, Pedro Fernández de Saavedra[58], segundo de este nombre, bautizado con el de su abuelo, lo tendría posteriormente con doña Catalina Escobar de las Roelas, su segunda amante más célebre. Esta segunda amante del señor de Fuerteventura ejerció como tutora de su nieto don Agustín de Herrera a petición popular[59], durante la minoría de edad de este y después de que hubieran fallecido sus padres.

3.6. Gonzalo de Saavedra y doña María de Moxica, terceros y cuartos señores de Fuerteventura[60]

El problema principal que tenía Fernán Darias en los momentos finales de su vida era que se hallaba casado, pero divorciado, y no podía legitimar ni reconocer a su hijo Gonzalo de Saavedra por tener la calidad de espurio, de ahí que siguiera el plan ideado por dos de sus amigos: el inquisidor Luis de Padilla y el regidor de Gran Canaria Bernardino de Lezcano, persona con gran influencia en el archipiélago, antiguo concuñado de Fernán Darias, por su matrimonio en primeras nupcias con Isabel de Sosa, hermana de María de Sosa, idóneo para poner en sus manos o en manos de estos el futuro de su hijo y la jurisdicción de Fuerteventura. Bernardino de

---

58 Pedro Fernández de Saavedra contrajo matrimonio con su tía doña Constanza Sarmiento II, señora de Lanzarote, de cuya unión nacería don Agustín de Herrera y Rojas, primer conde y marqués de Lanzarote.

59 Según se desprende de la Concordia, en la cual se dice que a partir del 14 de agosto de 1545 comienza la autorización sobre su nieto.

60 Un amplio estudio en Lobo Cabrera, M. y F. Bruquetas de Castro: *Don Gonzalo de Saavedra…*.

Lezcano y su sobrina doña María de Moxica, hija de Lope de Moxica, actuarían de cauce para que Gonzalo de Saavedra pudiera obtener la parte de la herencia que su padre consideraba justa, y que corría el peligro de caer en manos del hermanastro o sus descendientes, ya investidos de la gloria señorial como unos Herreras de superior categoría y mejor derecho, porque acaparaban más dozavos del señorío de ambas islas.

La artimaña concebida por Fernán Darias se convirtió en un artístico ardid que alejaba las ambiciones de los Herrera, señores de Lanzarote, de la casa de Saavedra. Esta trama, que había sido ideada por el licenciado Padilla, inquisidor en el obispado de Canarias, y tesorero y canónigo de la catedral e iglesia de Canarias, y amigo tanto de Fernán Darias como de Bernardino de Lezcano, consistía en traspasar toda la herencia del primero al segundo y de este a su sobrina, María de la O Moxica, a la que habían concertado casar con el hijo ilegítimo de Fernán Darias.

Para ello había que dar una serie de pasos que asegurase el traspaso del señorío en su hijo Gonzalo. En primer lugar, Fernán Darias, como señor de Fuerteventura (poseedor de un solo dozavo del Señorío) otorgaría testamento en el que declararía como universal heredero de todos sus bienes y derechos a Bernardino de Lezcano. Este, como tutor y curador de su sobrina doña María de Moxica, la dotaría con toda la herencia recibida de Fernán Darias, y posteriormente, doña María de Moxica quedaría concertada en matrimonio con el hijo de Fernán Darias, Gonzalo de Saavedra, a quien se le entregaría la dote en el momento del enlace. De este modo, para dar continuidad al señorío, los hijos y herederos del matrimonio formado por doña María de Moxica y Gonzalo de Saavedra heredarían tanto el señorío y jurisdicción de Fuerteventura, como todo lo perteneciente a sus haciendas y estado.

En el documento donde quedan todos estos puntos pergeñados se hacía la salvedad de que si doña María de Moxica falleciese sin hijos debería entregar todos estos bienes y derechos a Gonzalo de Saavedra, quien los gozaría por el tiempo de su vida en usufructo; porque, en caso de que este matrimonio no procrease hijos, los bienes y todo el derecho sobre el señorío de Fuerteventura doña María de Moxica los debería ceder al hijo o descendiente de Bernardino de Lezcano que heredase el mayorazgo que en el momento de hacer testamento había instituido el regidor de Gran Canaria[61].

---

61 El Mayorazgo que instituía Bernardino de Lezcano lo hacía con el consentimiento de su mujer, vinculando un tercio y quinto, respectivamente, de sus bienes en su hijo mayor, Juan de Ciberio, de la siguiente forma: en primer lugar, las casas en las que vivían, que se hallaban situadas en la ciudad de Las Palmas, en la banda de Triana, concretamente en la calle del monasterio de San Francisco, lindando con casas de Juan de Ciberio, su hermano, y con el camino que iba de la Ciudad a Gáldar, y por la parte de atrás con una huerta y parral de Mateo Cairasco, regidor, y por delante la calle Real. También sobre un parral con una huerta y un solar que estaba detrás de la ermita de santos Justo y Pastor, que era una suerte de tierras con agua, que tenía por linderos un callejón por una parte y por la otra el parral de Miguel de Zevedo y por delante la calle Real. Además de tres suertes de tierras en el heredamiento de Tenoya, debajo del ingenio conocido por la caballería de Juan de Ciberio, su padre, que lindaban con tierras de Rodrigo de Ocaña, por la parte de abajo el barranco y por arriba el ingenio y otras tierras que fueron de Antonio de Orerio; además de otras dos suertes y media de tierras con el agua que le pertenecía para regar, que estaban en el mismo heredamiento de Tenoya, y que tenían por linderos de una parte el camino Real que va a Arucas y por la otra la acequia Real, por la otra el barranco y por la otra banda tierras de su hermano Juan de Ciberio. Además, las tierras que tenían en los Granadillares, que eran 350 fanegadas de tierras de sequero. También unas tierras en Anriquianez que serían unas 160 fanegadas lindando con los Silos de Arucas, unas tierras de sequero en Tamaraceite y una casa, más otras tierras en el Lomo de Tamaraceite que serían unas 200 fanegadas. A esas propiedades habría que añadir veinte esclavos y un molino de pan en Tenoya. Vid. Apéndice: Testamento de Bernardino de Lezcano.

Finalmente, en caso de que Gonzalo de Saavedra falleciese dejando hijos del matrimonio consumado con doña María de Moxica, esta tendría que cederles la herencia recibida de Bernardino de Lezcano, perteneciente al legado que había otorgado Fernán Darias, a los hijos o al hijo que le pareciese y como mejor considerase, sin ninguna otra imposición añadida[62].

Por todo esto sabemos que Bernardino de Lezcano debe considerarse tercer señor de Fuerteventura, ya que detentó el señorío y jurisdicción de esta isla por un corto espacio de tiempo, comprendido entre 1545 y 1546, y en ese último año hizo traspaso de ello a su sobrina doña María de la O Moxica Herrera, en el momento exacto en que contrajo matrimonio con Gonzalo de Saavedra.

3.7. Los quintos señores de Fuerteventura: los hijos de Gonzalo de Saavedra y doña María de Moxica

Doña María de la O Moxica, cuarta señora de Fuerteventura, era hija de Lope de Moxica, regidor de la isla de Gran Canaria, y hermano de Bernardino de Lezcano y de Juan de Ceberio, mientras que su madre era doña Inés de Herrera, hija de Juan de Herrera y de su esposa doña Francisca Núñez Contreras, naturales y oriundos de Toledo y Sevilla, respectivamente.

El fundador de la estirpe de estos Herreras había sido el mercader toledano Diego de Herrera, quien poseía ascendentes conversos, al igual que sucedía con el linaje de su esposa, lo que andando el tiempo traería bastantes disgustos a la familia, ya que los hijos

---

62   Esta cláusula sería alegada por los hijos de doña María de Moxica cuando falleció su padre, Gonzalo de Saavedra; pero doña María mantuvo el usufructo de los bienes hasta el fin de sus días, aunque cedió la administración del Señorío a los dos huérfanos, Fernando y Gonzalo.

de doña María de la O Moxica fueron tachados de cristianos nuevos por el Santo Oficio de Canarias, saliendo al final absueltos de la acusación, aunque quedaron tocados por la denuncia, que, como era usual en la época, se empleaba como estratégica arma contra los enemigos, porque, si no manchaba, al menos tiznaba.

El primer hijo del matrimonio nació un año aproximadamente después de haberse celebrado los esponsales en 1547, y se le puso por nombre Fernando Arias Saavedra, como su abuelo. Después vendrían al mundo dos niñas; la primera sería conocida como Constanza Sarmiento y la segunda con el nombre de Juana de Mendoza. El cuarto y último vástago vendría al mundo en torno al año 1560, y fue llamado Gonzalo de Saavedra, al igual que su padre.

Curiosamente, de estos cuatro solo Constanza Sarmiento contraería matrimonio canónico, que celebró con Gonzalo de Freitas, natural de la isla de Madeira, hombre de noble estirpe y acomodado patrimonio, pero de frustrado futuro, pues la muerte, primero, de él y posteriormente de la esposa, conllevó que, al no tener hijos, los bienes del portugués recayeran andando el tiempo en la suegra, doña María de la O Moxica. Por otra parte, la descendencia de los otros vástagos vendría por vía ilegítima, si es que esta vía no fue una verdadera invención familiar discurrida en su momento para hacer el traspaso de los bienes, aunque fuera de manera fraudulenta y adulterina (en ellos se incluía la jurisdicción del señorío de Fuerteventura), entre los miembros de la propia estirpe y para que no recayeran en los parientes que detentaban el señorío de Lanzarote.

Con respecto a Juana de Mendoza, sabemos que tuvo una hija con un desconocido, a quien Rumeu de Armas no sin reservas identifica como Alonso Lugones de Castro. A la niña se le impuso el nombre de Inés de Mendoza y se la concertó en matrimonio con

Blas García de Gallegos, quien sería durante muchos años el representante de los señores de Fuerteventura para todos los asuntos a tratar con sus parientes los Herrera, marqueses de Lanzarote.

Los dos hijos varones del matrimonio se mantuvieron célibes durante toda la vida. No obstante, al mayor, Fernando Arias Saavedra, quinto señor de Fuerteventura, se le adjudicó una relación con Ana Perdomo Melián, fruto de la cual nacería María de Moxica Arias de Saavedra, sexta señora de Fuerteventura, quien contrajo matrimonio canónico con Andrés Lorenzo Herrera de Mendoza, cuyos descendientes heredarían la jurisdicción señorial de la isla de Fuerteventura, así como su menguada parte proporcional en el dozavo de ambas islas[63].

3.8. La sexta señora de Fuerteventura: doña María de Moxica Arias Saavedra

Esta señora sucedió a su padre, en vida aún de su tío don Gonzalo de Saavedra, y en ella se vincularon por medio de una escritura de mayorazgo, con facultad real, los bienes pertenecientes a los Saavedra. El mayorazgo fue constituido por don Gonzalo de Saavedra, ante escribano, en las casas de su morada de su palacio en 28 de octubre de 1610, fecha en que como titular del señorío por fallecimiento de su hermano, con el fin de la defensa y honra

---

63 Bruquetas de Castro, F.: *Lanzarote en el siglo XVII: gobierno, administración y economía,* Las Palmas de Gran Canaria, 2000. El dozavo perteneciente a los señores de Fuerteventura fue menguando con las distintas sucesiones y herencias, mientras que los 11/12 de los marqueses de Lanzarote quedaron vinculados con respecto a la isla de Lanzarote. Un pasadizo aéreo permitía la comunicación entre dicha casa y la iglesia parroquial de Betancuria. No obstante, la casa desapareció a finales del siglo XVIII, cuando los señores no vivían ya en la isla sino en Tenerife.

de su casa y linajes, dotó a su sobrina de una serie de bienes propiedad de la familia, entre ellos, y como más importantes, el estado de la isla de Fuerteventura con la jurisdicción entera de ella, alto, bajo, mero mixto imperio y la renta de los quintos y cosecha de las orchillas, que le pertenecían conforme a la costumbre que siempre se había tenido entre sus ascendientes. A ello se une la jurisdicción que le tocaba y pertenecía en la isla de Lanzarote, como señor de ella en parte, con los quintos y cosechas de las orchillas.

A continuación, enumera una serie de bienes, entre los que destacan el término de Guriame, con sus cabañas y las atalayas con tres rosas de bebederos y sus aguas y acogidas, con la fuente y pozuelo de dicho termino, la vega de la Costilla, las vegas de Tetir, suertes y tierras en distintos sitios de la isla, maretas, casas y pajeros, fuentes, ganados de cabras, cortijos con sus casas, huertas y árboles, pozos y aguas, la heredad de Malpaso, con sus estanques, más lo que le tocare en la dehesa de Jandía de las orchillas, y de los ganados que allí pudiere meter.

Incorpora también todos los ganados cabríos, ovejunos, yeguas, potras, caballos, bueyes y vacas, y más de sesenta reses camellares para el servicio de los cortijos y cabañas. Más las casas y palacio de la Villa donde vivían los señores.

Los bienes que así fueron vinculados debían mantenerse en conjunto sin poderse vender ni traspasar, con la condición además de que los sucesores en el tiempo estaban obligados a tomar y llevar el apellido principal de la casa, que era el de Arias y Saavedra, Moxicas y Lezcanos, más el escudo y blasón de sus armas.

Doña María se convertía así en una rica heredera y como tal matrimonió de acuerdo con la voluntad de su tío con don Andrés Lorenzo Herrera de Mendoza, que luego pasaría a nominarse como

Arias y Saavedra, recibiendo por tal dote los bienes contenidos en la escritura de mayorazgo, siempre que le dieran para sus alimentos y sustento setecientos ducados cada año en dinero de contado, por todos los días de su vida[64].

El novio, don Andrés Lorenzo, había nacido en Garachico en 1575, como hijo de Lázaro Lorenzo Herrera y de doña María Román, y de ahí venía su vinculación con la isla de Tenerife, que pasaría a ser su residencia habitual, toda vez que era regidor de aquella isla, así como otros cargos de la milicia y de hacienda, a la vez que invirtió sus caudales en obras pías en la misma isla. En Fuerteventura, a los títulos que ya tenía añadiría el de señor de Alegranza y Lobos, por compra que hizo en 1613 y vinculó a sus otros bienes en 1623[65].

El matrimonio tuvo por hijos al sucesor del señorío y séptimo señor de Fuerteventura, don Fernando Arias de Saavedra, que sucedió a su padre tras su muerte en 1624, y a don Gonzalo de Saavedra, que tomó los hábitos de los ermitaños de San Agustín.

3.9. Los señores absentistas

Los siguientes titulares del señorío, siguieron manteniendo su vínculo con la isla, pero establecieron su residencia permanente en Tenerife, y aunque llevaron a cabo acciones para favorecer a sus vasallos e incluso para dotar algunas obras religiosas, apenas pisaron Fuerteventura.

---

64 Roldán Verdejo, R. y C. Delgado González: *Acuerdos… 1605-1659*. Mayorazgo de Fuerteventura, constituido por D. Gonzalo de Saavedra en 1610. Escritura inserta en Acta de posesión de él por D. Fernando Mathías Arias y Saavedra en 1675. (Archivo Histórico Insular de Fuerteventura), pp. 340-347.

65 Fernández Bethencourt, F.: *Nobiliario…*, T. I, pp. 71-73.

El primero de esta saga es el séptimo señor, Fernando Arias de Saavedra, que nació en Fuerteventura y fue bautizado en la parroquia de Betancuria el 4 de marzo de 1612. Este, por haber nacido en la isla, se mantuvo durante algunos años en ella, y retornó a la misma en alguna ocasión, como fue en el año 1666, acompañado de su hijo y futuro señor don Fernando Matías, y probablemente se mantuviera en ella hasta su muerte en 1674, pues otorgó su testamento ante el escribano de Fuerteventura Gabriel de Llerena en ese mismo año[66].

En Tenerife pasó gran parte de su vida, donde ocupó distintos oficios, como regidor perpetuo de la isla, alguacil mayor del cabildo y del tribunal de la Inquisición, así como patrón del convento de la Consolación en Santa Cruz de Tenerife[67].

En Fuerteventura tomó posesión del señorío el seis de enero de 1630, siendo recibido como señor por la justicia y regimiento, como era costumbre inmemorial, ceremonia en la que juraba cumplir con los usos y costumbres y ordenanzas de la isla. Asimismo, fue confirmado en sus preeminencias militares en ese mismo año por el rey Felipe IV, quien le solicita posteriormente que ayude a levantar la leva que estaba haciendo en Canarias el capitán general. Estando en Madrid, encargó la obra de Pellicer de Tovar que dedicó al monarca, y así le hizo entrega de ella[68] con el objetivo y fin de conseguir un título de Castilla.

En Fuerteventura, como titular del señorío, realizó una serie de mejoras, en especial en el convento franciscano de San Buenaventura, del que era patrono, que reedificó y embelleció, y convirtió

---

66   Roldán Verdejo, R. y C. Delgado González: *Acuerdos… 1605-1659*, p. 15.
67   Fernández Bethencourt, F.: *Nobiliario…*, T. I, pp. 73-75.
68   Pellicer de Tovar, J.: *Memorial…*, f. 2 r.

en capilla, donde puso su escudo de armas, la cueva de San Diego de Alcalá, donde mando ser enterrado y donde se le hicieron solemnes honras fúnebres. Asimismo, tuvo la idea de establecer un convento de dominicos en Fuerteventura, que nunca llegó a realizarse.

En 27 de enero de 1637 casó con su prima hermana doña María Inés de Llarena Lorenzo y Ayala, en quien hubo a su sucesor don Fernando Matías Arias y Saavedra, quien, acompañado de su padre, tomo posesión del señorío en el palacio de Betancuria, por renuncia de aquel, el 3 de mayo de 1667, ante las instituciones y personas más distinguidas de la isla. En dicho acto el señor, ante el cabildo en pleno y todas las milicias, formadas en la plaza del palacio, proclamó a toque de cajas de guerra a su hijo Fernando Matías como heredero del estado, en caso de su muerte, con alto, bajo, mero y mixto imperio. En dicho acto fue jurado por parte de la justicia y regimiento, a la vez que el nuevo titular se comprometía a respetar los usos y costumbres de la isla. Fue confirmado como tal señor por cedula real de la reina Mariana de Austria en 1671.

En el citado acto el cabildo en pleno mostró su obediencia y se comprometió a recibirlo lo como tal señor y lo mismo hicieron los capitanes y ministros de justicia y guerra presentes, todo cual para darle mayor notoriedad fue pregonado a toque de guerra en la plaza del palacio[69].

A la muerte de su padre en 1674, retorna a Fuerteventura, donde permanece hasta el 25 de mayo de 1675, en que vuelve a Tenerife para no regresar más a la isla, aunque estuvo al tanto de lo que acontecía en ella. Al parecer fue esta de las últimas estancias

---

69   Roldán Verdejo, R. y C. Delgado González: *Acuerdos… 1605-1659*, p. 78. Acta 87.

que hicieron los señores en la isla, pues sus sucesores apenas asomaron por el territorio.

Sin embargo, fue este señor el que demostró mayor interés y cariño por los problemas que acuciaban a los majoreros, pues en todo momento estuvo en contacto con el cabildo, con el que mantuvo una abundante correspondencia para que le dieran noticias de cualquier circunstancia que pudiera afectar a sus vasallos, para intentar favorecerlos en la medida de sus posibilidades. Es el caso, por ejemplo, de las frecuentes situaciones de necesidad y hambre que se producían en la isla, como ocurrió en los años 1669, 1674, 1676 y 1677[70]; así, en el año 1676, depositó de sus caudales la cantidad de seis mil reales para que se comprara cereal y se repartiese entre las personas más necesitadas. Otras medidas que tomó en favor de la población fueron, por un lado, dirigirse al provincial de la orden franciscana para que retomase la enseñanza de los niños jóvenes de la isla y no la abandonase, prometiendo buscar remedio para ello; y, por otro, dirigirse al sargento mayor Sebastián Trujillo para informarle de la existencia de peste en Cádiz y rogarle que tomara precauciones para evitar cualquier contagio, o al capitán general, residente en Tenerife, en 1689, para evitar que diese licencia para la extracción de granos por la penosa situación que reinaba en la isla[71].

Esta constante preocupación y afección hacia su isla se observa incluso en algunos de sus escritos, en donde, al referirse a ella, utiliza el posesivo "my isla de Fuerteventura"[72], y así lo demostró en

---

70 Fernández Bethencourt, F.: *Nobiliario…*, T. I, p. 78.
71 Roldán Verdejo, R. y C. Delgado González: *Acuerdos… 1605-1659*, p. 16.
72 Rodríguez Morales, C.: "El último viaje de Fernando Matías Arias de Saavedra, VIII señor de Fuerteventura", *X Jornadas de Estudio sobre Lanzarote y Fuerteventura*, Arrecife, 2004. T. I, pp. 133-153.

su testamento, en una de cuyas clausulas establece como fin último de su enterramiento la cueva de San Diego en Betancuria donde reposaban los restos de su padre, aunque nunca se llevó a cabo tal traslado desde Tenerife a Fuerteventura[73].

Este sentimiento de apego a la isla y a sus advocaciones se percibe a partir del año 1675, fecha en que don Fernando Matías Arias de Saavedra intenta vincular el señorío de la isla al patronazgo de La Peña, y por dicha razón jurará, junto con el cabildo, y votará que esta advocación sea para siempre abogada y patrona de la isla, favoreciéndola con importantes donaciones.

La Virgen de la Peña, patrona de Fuerteventura.

---

73   *Ibid.*, pp. 142-143.

Este señor casó con doña María Agustina Interián del Hoyo, con quien mantuvo su residencia en Tacoronte, hasta que falleció el 14 de noviembre de 1704, y hubo por única hija a doña Elena Josefa Arias de Saavedra, quien casó con don Francisco Bautista Benítez de Lugo, y tuvo por hijo a don Francisco Bautista de Lugo, nacido en enero de 1697, que se convirtió en señor de Fuerteventura al fallecer su madre en 1701, antes que su abuelo.

A partir de aquí podemos decir que la isla queda desamparada por parte de sus señores, quienes apenas se ocupan de sus problemas, manteniendo su señorío mediante el nombramiento de algunos cargos públicos y recogiendo los productos, cada vez más exiguos, de sus bienes.

Esta dejación hará que las autoridades insulares, en nombre de sus vecinos, intenten zafarse del vasallaje, con el apoyo de la Audiencia, que contraviene algunas de las decisiones del señor.

En cuanto a su poder militar con cargo de capitán a guerra de la isla, va perdiendo vigencia, especialmente con el nombramiento del primer coronel. Pedro Sánchez Umpierrez, en efecto, primero de los coroneles, se aleja y se enemista con el señor, y, aunque desde 1722 el coronel actúa como capitán a guerra por designación del rey, en fechas posteriores el teniente coronel don José Sánchez Umpierrez obtiene la patente de tal cargo, sin propuesta previa del señor, quien la impugna; como se indica más abajo, los coroneles se ocuparán de nombrar a su primogénito como teniente coronel, en la idea de convertir el cargo en hereditario. El asunto llega hasta el supremo Consejo de Guerra, que en 1742 se limita a ordenarle al señor que pase a Fuerteventura a tomar posesión de su cargo de capitán a guerra y una vez hecho esto haga las propuestas en las vacantes de coronel, por lo que decidió acudir a Fuerteventura en el año 1744, en que fue recibido, según Viera, "con grandes festejos y regocijos"[74].

Este señor falleció en La Orotava en 1711, dejando como heredero del señorío a don Francisco Bautista Benítez de Lugo Arias de Saavedra y Ponte, nacido en Garachico en 1735 y fallecido en julio de 1806. Esto señor y los siguientes de su casa se alejan cada vez más del señorío y su influencia deja de tener fuerza y comienza a declinar, favoreciendo así el poder de los coroneles[75]. La última marquesa de Fuerteventura fue doña Elena Sebastiana, por la extinción de los señoríos en España en 1836.

74　Viera y Clavijo, J.: *Noticias…*, T. I, p. 832.
75　Roldán Verdejo, R. y C. Delgado González: *Acuerdos…1605-1659*, p. 17.

4. LOS CORONELES

El establecimiento de esta figura está vinculada a las reformas administrativas llevadas a cabo a comienzos del siglo XVIII por la nueva dinastía entronizada en España: los Borbones.

Los coroneles, que convivieron con los señores territoriales en el gobierno de Fuerteventura durante el siglo XVIII, se van a hacer con el poder político, económico y militar de la isla, a pesar de la oposición del señor don Francisco Bautista de Lugo Arias de Saavedra, por estar anejo al capitán general y en consecuencia a la Corona. El cargo era unipersonal, pero a la larga se convirtió en hereditario, puesto que los titulares cuidaron mucho de nombrar como segundo de a bordo en el cargo de teniente coronel, a su hijo primogénito.

Los que accedieron a tal grado eran miembros de familias importantes de la isla que atesoraban prestigio y patrimonio. El cargo, de nombramiento regio, avalado por el capitán general, les dio autoridad tanto en el ámbito militar como en el social y civil, a la vez que se convertían en grandes propietarios de bienes rústicos, pues las estrategias diseñadas en su política matrimonial los convirtieron en dueños de casi la mayoría de las mejores haciendas de Fuerteventura e incluso de parte de Lanzarote.

4.1 Los primeros coroneles

El cargo estuvo vinculado en principio a la poderosa familia Sánchez Umpiérrez, por la acumulación patrimonial que habían desarrollado, tanto en Fuerteventura como en Lanzarote. Uno de sus miembros, Pedro Sánchez Umpiérrez, se convierte, como ya se dijo, en el primer coronel, al cual seguirían sus descendientes con el mismo título, rigiendo los destinos de la isla desde La Oliva, donde se afincaron durante más de un siglo, en que se convirtieron en una de las principales fortunas de Canarias[76]. Allí establecieron su casa, el cuartel y el centro de la administración económica de sus múltiples intereses agrarios y mercantiles. De la importancia que tuvo esta figura para la isla es muestra evidente el inmenso caserón que domina el paisaje de la localidad [77].

Casa de los Coroneles. La Oliva

Los dos primeros coroneles, don Pedro y don José Sánchez Umpierrez, padre e hijo, era vecinos de Pájara, y fueron nombrados coroneles de milicias de Fuerteventura, el primero por Real despacho

---

76 Millares Cantero, A.: "Los coroneles de La Oliva: unos terratenientes majoreros del Antiguo al Nuevo Régimen. (I)", *Bienmesabe*, https://bienmesabe.org/noticia/2018/mayo/los-coroneles-de-la-oliva-unos-terratenientes-majoreros-del-antiguo-al-nuevo-regimen-i.

77 Gómez-Pamo Guerra del Río, J.: "Los coroneles de Fuerteventura, militares y hacendados", en Lobo Cabrera, M.: *La Oliva. La historia de un pueblo de Fuerteventura*, Ayuntamiento de La Oliva, 2011, p. 253.

de 19 de noviembre de 1708. Este además estaba vinculado a una figura singular dentro de la historia política, económica y social de la isla, como era el sargento mayor Sebastián Trujillo Ruiz, pues una de sus hijas, doña María Trujillo Dumpiérrez, se había casado con él. Su hijo mayor, don José, ejerció como segundo coronel al suceder a su padre por Real despacho fechado en 1734, y accedió al cargo de alguacil mayor del Santo Oficio. Hizo matrimonio con doña Josefa Mateo Cabrera, familia de dos de las principales familias de Fuerteventura que arrancaban desde el siglo XV. Tanto por su parte, en cuanto herencia de su madre, como por parte de su mujer, poseía bienes en La Oliva.

El segundo coronel jugó un importante papel al mando de las milicias y fue el artífice de la defensa de la isla en 1740, cuando fue atacada por los ingleses, en las dos refriegas: la del 13 de octubre (Lomo de Cuchillete) y la del 24 de noviembre (Llano Florido) a la vez que socorrió en las penalidades sufridas por las crisis a los habitantes de Fuerteventura. En estas batallas fue ayudado por el que sería el siguiente coronel, don Melchor Cabrera.

El coronel José Sánchez Dumpiérrez. Obra anónima. Colección particular.

El tercer coronel, como ya se ha dicho, fue Melchor Cabrera Bethencourt Dumpierrez, que accede al cargo en 1745, y lo compagina con el título de alguacil mayor del santo Oficio. En principio trabajó a la orden de José Sánchez como teniente coronel, quien, al no tener descendencia masculina, lo nombra para sucederlo en el cargo, cambiando así el puesto de familia, al pasar de los Sánchez a los Cabrera[78].

---

78 Concepción Rodríguez, J. y Gómez-Pamo Guerra del Río, J.: *Arte, sociedad y poder. La Casa de los Coroneles,* Santa Cruz de Tenerife, 2009, pp. 258-259.

Este coronel había nacido en La Oliva en 1698, como hijo del regidor Ginés Cabrera Bethencourt y de Inés Dumpierrez de Armas, y casó en La Oliva con Ana Cabrera Bethencourt. En su mandato tuvo una notable participación durante el ejercicio de su gobierno militar en la fortificación de la isla y en la construcción de la ermita de la Candelaria en La Oliva, convirtiéndose en su patrono. Asimismo, se estima que durante su mandato se comenzó a construir la Casa de los Coroneles[79], con lo cual el cargo de coronel se vinculó a La Oliva, pues sus ascendientes también habían elegido como residencia el lugar, en especial la familia Hernández Xérez. Esta vinculación hace que se convierta en el centro neurálgico, político y económico de Fuerteventura.

La riqueza acumulada por los primeros coroneles se sustancia y articula en manos del tercer coronel, Melchor de Cabrera Bethencourt (1697-1762), gracias al patrimonio que se había ido añadiendo por sus antecesores, pues la familia Cabrera de Fuerteventura descendía del conquistador Alonso Cabrera Solier. Este hombre, consciente de su poder dentro de la sociedad, intentó ejercer un control total sobre la isla que no gustó al conjunto de la sociedad, lo que no impidió que siguiera con su política, lo que le acarreó algunas diferencias con el señor de la isla[80].

A Melchor le sucedió su hijo Ginés, nacido en La Oliva en 1723, quien asciende al cargo por Real despacho de 10 de enero de 1764, y se consolida como figura destacada al matrimoniar con una hija del segundo coronel, llamada Sebastiana Sánchez Dumpiérrez. Como sus antecesores, recibe el nombramiento de alguacil mayor de la Inquisición, aunque no llegó a tomar posesión del cargo, pues fallece en 1766, dos años después de haber ascendido al coronelato.

---

79 *Ibid.*
80 *Ibid.*

4.2. Don Agustín Cabrera: quinto coronel

Le sucede su hijo Agustín Cabrera Bethencourt Dumpiérrez, nacido en la Oliva en 1743, que alcanzó el grado de coronel a los 23 años. A este importante cargo unió a lo largo de su vida los de regidor, juez ordinario, alguacil mayor de la Inquisición y alférez mayor de Fuerteventura[81], convirtiéndose en una persona de carácter autoritario.

En la Oliva casó con María Magdalena Cabrera Matheo y hubo en ella a su única hija y heredera, conocida entre los lugareños como la Coronela, doña Sebastiana Cabrera y Cabrera.

Don Agustín Cabrera. Retrato por Manuel Ponce de León. Colección particular.

De la saga de los Coroneles, fue el más conocido, el más importante y también el más controvertido, y a la vez el que más patri-

---

81   Archivo Aciálcazar: leg. Cabrera.

monio acumuló, de tal manera que fue considerado el hombre más rico del archipiélago por la gran cantidad de tierras que poseía tanto en Fuerteventura como Lanzarote y Gran Canaria[82]. Esto le permitió controlar las cosechas de grano, y especialmente la de la barrilla, que en aquella época tuvieron enorme éxito[83]. Obtuvo real despacho de su nombramiento como coronel, a la muerte de su padre, el 25 de julio de 1766, y estuvo a cargo del regimiento durante sesenta años, tiempo en que se ocupó de acrecentar el rico patrimonio familiar, que supo organizar y administrar mediante una red de personas, a la vez que, para no soliviantar a las autoridades, mantuvo buenas relaciones con el obispo, los comandantes generales y los miembros de la Audiencia.

4.3. Los últimos coroneles

A la muerte en 1812 de don Agustín Cabrera, le sucedió como heredera en sus mayorazgos su hija Sebastiana Cabrera, quien heredó una importante fortuna y propiedades en Fuerteventura y Lanzarote. Esta señora tuvo una actividad benefactora destacada, hasta el punto de que se la conocía como la madre de los pobres de Fuerteventura, mitigando de este modo el carácter autoritario de su padre.

La herencia recibida de su padre era de tal magnitud que en la isla no había hombre de similar situación social ni económica que pudiera aspirar a un casamiento con ella, por lo cual se unió en matrimonio en 1791 con Francisco Manrique de Lara del Castillo,

---

82   Millares Cantero, A.: "Sobre la gran propiedad en las Canarias Orientales. (Para una tipificación de la terratenencia contemporánea)", en A. Millares Torres: *Historia General de las Islas Canarias*, Las Palmas de Gran Canaria, 1977, T.V, pp. 257-291.

83   Millares Cantero, A.: "Los coroneles…".

sexto coronel, nacido en Las Palmas, hijo del coronel Agustín Manrique de Lara Bethencourt, alcaide del castillo de La Luz, y de Elvira del Castillo y del Castillo-Olivares[84] . En este matrimonio el patrimonio aumentó con algunas propiedades en Puerto Cabras.

El mayor de los hijos del coronel Francisco Manrique de Lara y su consorte Sebastiana Cabrera, Cristóbal Manrique de Lara Cabrera, se convirtió en el séptimo y último coronel de Fuerteventura.

---

84 Gómez-Pamo y Guerra del Río, J.: "Los coroneles de Fuerteventura…", p. 264.

5. EL CABILDO

La implantación de este modelo administrativo tanto en Fuerteventura como en el resto de las islas viene marcada por la fragmentación territorial, haciéndose a razón de un municipio por isla con una capital de la que emana el poder, con lo que la vida política y administrativa local se adapta a la oferta geográfica. Esta situación se mantendrá sin alteración alguna hasta el siglo XIX, y de hecho, a pesar de los distintos vaivenes por los que pasa el señorío, se adaptará a principios del siglo XVI a la realidad insular, cuando la señora de Canarias, Inés Peraza, lo divide[85].

El modelo de administración local que se implantó en Canarias, tanto en las islas de señorío como en las de realengo, fue el concejo cerrado, caracterizado por estructurar el gobierno del municipio en la dualidad Justicia-regimiento, aunque en Fuerteventura se mantenga la celebración de cabildos abiertos en algunas ocasiones, en parte por la escasa población con la que contaba la isla, para tratar problemas de suma importancia que afectaban a todos los vecinos[86].

El cabildo venía a ser la institución básica del régimen municipal en la Corona de Castilla, específicamente de origen común bajo andaluz, y su desarrollo se produjo especialmente durante los siglos XIV y XV. En las islas señoriales hay dudas sobre su existencia, al menos, hasta 1477, fecha en que se confirma mediante una cedula real a doña Inés Peraza como titular, dándosele así al señorío solidez jurídica. No obstante, en la toma de posesión de don Agustín de Herrera y Rojas como señor de la isla, junto con sus parientes

85   Roldán Verdejo, R.: "Canarias en la Corona de Castilla", pp. 256-257.
86   Roldán Verdejo, R.: "Concejos y ciudades medievales en las islas Canarias (perspectivas de conjunto)", *Concejo y ciudades en la Edad Media Hispánica. II Congreso de Estudios Medievales*. Fundación Sánchez Albornoz, 1990, pp. 275-320.

los Saavedra, da la sensación de que el cabildo tiene mayor antigüedad, pues en las fórmulas que jura, se habla de tiempo inmemorial, lo que significa que ya el cabildo estaba plenamente consolidado, con la aprobación de acuerdos y ordenanzas.

Por tanto, la administración se ajustó a la forma concejil tanto en las islas de señorío como en las de realengo, cada una de las cuales, al coincidir cada alfoz o tierra con cada isla, poseía su propia jurisdicción. Los concejos eran asambleas compuestas por los vecinos, "caballeros", "burgueses"[87] y hombres del común, y tenían como sede las capitales de cada isla.

El cabildo majorero se convierte así en el máximo órgano administrativo, que unifica bajo su jurisdicción todos los temas que no atañeran a la esfera eclesiástica, militar y judicial, aunque entre el siglo XV y el XVII actúa como tribunal de apelaciones para juicios inferiores a 30 000 maravedís de cuantía[88].

Betancuria, sede del Cabildo de Fuerteventura.

---

87 Roldán Verdejo, R. y C. Delgado González: *Acuerdos…1605-1659,* p. 15.
88 *Ibid.*

Sus funciones incluían las administrativas, las económicas y las judiciales, y fue tomando cuerpo un conjunto de ordenanzas provenientes de los mismos concejos o de los señores y de la cancillería regia. Las ordenanzas concejiles eran elaboradas por el gobernador de la isla, en el caso de Fuerteventura con la autorización del señor, asesorado por un grupo de regidores, aunque era necesaria la posterior confirmación real para su puesta en marcha[89]. Algunas ordenanzas fueron promulgadas por los propios señores, quienes a su vez en sus tomas de posesión se comprometían a cumplirlas, pues era frecuente que el titular las hiciera suyas y las promulgara de nuevo[90].

El 21 de octubre de 1567 don Agustín de Herrera y Rojas, señor en parte de la isla de Fuerteventura, emite una ordenanza centrada en el aprovechamiento de los pastos y aguas de sobre tierra, que declara de uso común para todos los vecinos de la isla, y en 1744 Francisco Bautista Benítez de Lugo y Arias de Saavedra emitió otra ordenanza para el buen funcionamiento del cabildo. Esta última ordenanza era similar a otra que el cabildo había aprobado anteriormente, que el señor hizo suya. De hecho, al enunciarla recurre a la inmemorial costumbre que existía en la isla, procurando en ella no contradecir las disposiciones que habían sido emitidas por el cabildo y recordar las que habían sido dadas por sus antecesores[91].

---

89   Lalinde Abadía, J.: "El derecho castellano en Canarias", *Anuario de Estudios Atlánticos*, 16, 1970, pp. 13-35.

90   Ladero Quesada, M. A. e I. Galán Parra: "Las ordenanzas locales en la Corona de Castilla como fuente histórica y tema de investigación (siglos XII al XVIII)", *Anales de la Universidad de Alicante: historia medieval*, 1, 1982, p. 223.

91   Cerdeña Ruiz, R.: "La ordenanza de 1744 de Francisco Bautista Benítez de Lugo Arias y Saavedra, señor de Fuerteventura", *Cartas diferentes. Revista canaria de Patrimonio documental*, 12, 2016, pp. 245-293

El cabildo asegura el ejercicio de la potestad señorial, pues los titulares implantaron una administración sencilla, de escasa importancia, aunque en algún momento nos encontramos con la figura del gobernador como lugarteniente del señor, especialmente en los siglos XVI y XVII, siendo la última persona que llevó tal cargo el capitán Juan de Torres, que lo ejerció entre 1657 y 1658. Por tanto, entendemos que el cabildo representaba en líneas generales la voluntad del señor, aunque a veces, y en ello concordamos con L. de la Rosa, a pesar de que el señor nombrase y depusiese los cargos concejiles a su antojo, en ocasiones la corporación se manifestó abiertamente en contra de él[92], como vemos en la época de Gonzalo de Saavedra, en que miembros del cabildo se pusieron del lado de don Agustín de Herrera en contra del señor de Fuerteventura.

En general entendemos que la administración de la isla estaba conformada por un grupo de confianza del señor, quien determina quiénes y cómo habían de gobernar la isla a través del único organismo que es el cabildo. Salvo raras excepciones, los cargos del concejo se convierten en premios a familiares y amigos, lo que hace que la capacidad de decisión está supeditada al poder señorial. Los cargos se distribuyen entre las familias más antiguas y poderosas, e incluso entre los parientes, legítimos o ilegítimos, del señor.

5.1. Constitución

El cabildo de Fuerteventura funcionaba, como ya se dijo, en régimen abierto o cerrado. En el primer caso se debatían asuntos de interés general de la isla que atañían a todos los vecinos, como

---

92   La Rosa Olivera, L. de: *Evolución del régimen local en las Islas Canarias,* Madrid, 1946, p. 26.

aquellos que tenían relación con el cobro de impuestos, tanto el de quintos como especiales, y aquellos supuestos que estimara el personero general. Estos cabildos, que también se reunían en épocas de crisis y de hambrunas, solían reunirse en la plaza pública de Betancuria, delante de la iglesia parroquial y del palacio del señor, donde se congregaba el vecindario de los distintos pueblos.

El cabildo cerrado, en cambio, se reunía en sesiones mensuales en las que se deliberaba sobre todo tipo dc asuntos, especialmente los que tenían que ver con el abasto, los asuntos económicos, de salubridad, fiestas, etc., siempre siguiendo las directrices del señor, puesto que era quien nombraba los oficios entre un reducido grupo de familias destacadas y emparentadas entre ellas.

El cabildo estaba constituido en esta época por un gobernador, aunque no fue una figura permanente, sino más propia del siglo XVI. Solían ser clientes personales de los señores o sus familiares y deudos más cercanos, y nombrarse especialmente entre los paniaguados del señor, pues eran personas de su máxima confianza. Este aspecto en concreto lo ilustra con claridad el caso de Luis de León "El valiente", así apodado porque participó en nombre del señor Gonzalo de Saavedra en la batalla de Tafaraute[93]. En la época en que hubo gobernadores, cuando los hubo, ejercían como jueces de apelación y poseían algunas facultades militares.

El alcalde mayor, persona nombrada cuando no existía gobernador, perduró durante todo el Antiguo Régimen como presidente del órgano, acompañado de tres o más regidores, un alguacil mayor y regidor decano, un alguacil menor, un personero y en algún momento jurados, un escribano, y un pregonero, amén de otros cargos de menor entidad, nombrados y propuestos por el señor, como era

---

93   Rumeu de Armas, A.: *España en el África Atlántica*, p. 551.

el caso del mayordomo del cabildo. Estos cargos los ocupaban personas de confianza, tales como familiares o criados del señor, labradores y criadores hacendados, que aceptaban la propuesta hecha por el cabildo y se sometían al señor.

El único nombramiento exento de tal influencia era el del personero y, en algunos momentos, los jurados, que eran elegidos por el pueblo, al cual representaban ante el cabildo, no obstante lo cual, tal como señala L. de la Rosa, generalmente los personeros y jurados solían pertenecer a la misma distinguida esfera social que los regidores[94].

El nombramiento de alcalde mayor estuvo vinculado en exclusividad al señor, hasta que, en la segunda mitad del siglo XVII, aunque el señor siguiera proponiéndolo, teñía que ser ratificado por la Audiencia, debiendo cumplirse tal requisito para que el cabildo aceptara su nombramiento. Era elegido entre personas de la total confianza del señor, como Francisco de Morales y Juan Mateos, pariente este ultimo de don Gonzalo de Saavedra el viejo. Esta figura se duplicó en la primera mitad del siglo XVII a instancias de don Gonzalo de Saavedra, el joven, alegando para ello la extensión de la isla de Fuerteventura, con lo cual proponía uno para la demarcación de Guise y otro para la de Ayose.

El alcalde mayor era la justicia en primera instancia y ostentaba la presidencia del cabildo, cuando no había gobernador nombrado. El nombramiento de este cargo era una exclusividad del señor en esta época, y su mandato podía ser vitalicio o ser renovado a voluntad del señor. En general solían ser naturales de Fuerteventura y se elegían entre el círculo más cercano al señor, de ahí que fueran

---

94 La Rosa Olivera, L. de: *Antecedentes históricos del régimen orgánico insular,* Santa Cruz de Tenerife, 1967, p. 31

sus parientes y amigos los que ostentaron normalmente tal privilegio, No obstante, los alcaldes estaban obligados a dar fianzas legas, llanas y abonadas, a satisfacción del cabildo, para poder desempeñar su cargo[95].

En el ejercicio de sus funciones y en el cumplimiento de la justicia lo acompañaban, por el tiempo que se considerase oportuno, uno o varios alguaciles, encargados de mantener el orden y el cumplimiento de las normas, y el escribano o los escribanos públicos.

A estos oficios se unen lo que se consideraba la columna vertebral del cabildo, los regidores, elegidos directamente por el señor entre sus vasallos más fieles, aunque debían ser confirmados en sus oficios por el sucesor en el señorío. Recibían encomienda del cabildo para distintos asuntos, entre ellos vigilar la saca y organizar con el vecindario el cuidado de los caminos y fuentes, dada la necesidad de agua. Asimismo, los regidores eran facultados como diputados para dar y poner las cosechas en precio y personas que las recogiesen, y como tales diputados por su turno mensual eran además los encargados de cumplir los mandatos del cabildo y hacer cumplir las ordenanzas, así como vigilar en época de escasez que no saliesen de la isla los granos, sino solo aquellos que tuviesen licencia del consistorio. De entre los regidores, a uno de ellos se le nombraba alguacil mayor, y también se hacía por el cabildo el nombramiento de los regidores cadañeros[96]. Los regidores añales fueron los únicos oficios, junto con el personero, que escaparon al nombramiento directo del señor, aunque en algunas ocasiones fueron

---

95 Roldán Verdejo, R. y C. Delgado González: *Acuerdos… 1605-1659*, pp. 16-17.
96 Cerdeña Ruiz, R.:" Los regidores diputados cadañeros del Cabildo municipal de Fuerteventura entre 1605 y 1669", *Anuario de Estudios Atlánticos*, 61: 061-002.
    http://anuariosat-lanticos.casadecolon.com/index.php/aea/article/view/9302

también designados por él. Tal como su nombre indica, se elegían anualmente, el 21 de enero, en el valle de Santa Inés, lugar donde se elegían dos, uno por cada comarca, y fueron elegidos por última vez en 1669. Sus competencias más importantes, designadas por el cabildo según la costumbre que existía en la isla, eran: el control del mercado, de las pesas y medidas, del artesanado y del abasto de la población, las ceremonias religiosas y la limpieza de calles, muladares, fuentes y caminos.

Otra figura que destacar como miembro del cabildo era el personero general, representante del pueblo en la corporación, nombrado indistintamente por el señor o elegido del mismo modo que los regidores cadañeros. Hasta 1641 era elegido directamente por el señor y así se mantuvo hasta 1698, en que, por orden de la Audiencia, se elige en cabildo abierto a Pedro Sánchez Dumpiérrez por más de 250 vecinos[97]. A partir de 1721 se elige por el sistema de terna y así se mantuvo hasta fines del siglo XVIII, en que se vuelve a elegir por los vecinos.

Figura señalada y casi obligatoria era el escribano, el cual daba fe de los asuntos, elegido entre los que desempeñaban su labor en la isla, pues se constata que había tres que ejercían como tales, de entre los cuales uno era escribano de guerra. En principio parece que eran atraídos por los señores de entre escribanos ejercientes en otras islas o en la Península, hasta que Felipe II, por real cédula de 1584, estableció que los escribanos de las islas de señorío fueran examinados en la Audiencia de Canarias, y así y todo eran examinados aquellos propuestos por el señor, para luego obtener el visto bueno del cabildo, que era quien les daba posesión[98]. Hasta el siglo

---

97   Roldán Verdejo, R. y C. Delgado González: *Acuerdos… 1605-1659*, p. 18.
98   *Ibid.*

XVII desempeñaron su oficio en la isla dos escribanos, como lo fueron Pedro Negrín Galán y Francisco Hernández Salvatierra, siendo el primero escribano del cabildo. Eran propuestos por el señor y examinados por la Audiencia, dándoles el cabildo posesión. De Negrín Galán contamos con algunas escrituras del año 1578[99], lo que indica que había sido nombrado por el señor con anterioridad.

Estos personajes, al margen de su oficio de escribanos, también ocuparon cargos en el cabildo como regidores, e incluso como alcalde mayor. Lo habitual era que los escribanos fueran nombrados por el señor titular, sin injerencia de los otros señores; no obstante, en algunas ocasiones comparecían los titulares de Lanzarote y Fuerteventura juntos haciendo el nombramiento, como sucedió en 1582, cuando se presentaron ante el escribano doña María de la O, como señora de la jurisdicción de las islas de Lanzarote y Fuerteventura, y don Agustín de Herrera, conde de Lanzarote, para nombrar por escribano de la isla de Lanzarote a Pedro Hernández de Chaves, escribano residente en Lanzarote, para que como tal pudiera ejercer su oficio[100]. No obstante, no siempre los escribanos que ejercieron como tales en Fuerteventura, aunque nombrados por los señores, estaban facultados por la Audiencia, esto es, examinados por el tribunal, tal como se constata en un negocio criminal tratado ante el alto tribunal de justicia contra Melchor Hernández y Francisco Melián, vecinos de Fuerteventura, por haber usado oficio de escribano sin serlo[101].

---

99 Lobo Cabrera, M.: *Los antiguos protocolos de Fuerteventura (1578-1606)*, Santa Cruz de Tenerife, 1990.

100 Archivo Histórico Provincial de Las Palmas, Lorenzo de Palenzuela, n.º 838, f. 371 r.

101 Rodríguez Segura, J. A.: *La Real Audiencia de Canarias en el siglo XVI: Libro II de acuerdos*, Las Palmas de Gran Canaria, 2001, llamada 1.294

Otros oficios públicos considerados de segundo orden, pero necesarios para el funcionamiento de la institución, con funciones varias, eran el portero, el mayordomo o los quintadores, encargados de recaudar dicho impuesto[102].

Por tanto, la isla estaba regida y administrada por un personal de confianza, ya que es el señor el que nombra los cargos de entre sus fieles más adictos, dando lugar a una administración reducida, de pocos miembros, para evitar costes, y poco técnica, cuyo fin último era ejecutar la voluntad de los señores.

En las reuniones de los cabildos ordinarios o plenos, se requería la asistencia de todos los miembros de la corporación, aunque muchos se excusaban por estar en las tierras, labrando o ausentes de la Villa por cualquier causa, así como por enfermedad. En esos casos el cabildo se desarrollaba con total normalidad, aunque solo hubiese comparecido el alcalde mayor y un regidor, pues ambos personajes eran suficientes para legitimar la reunión, sus debates y conclusiones.

Los temas que se exponían y discutían en los cabildos eran de lo más variados y tenían que ver con la limpieza de fuentes y caminos, rogativas en años de escasez, precios y medidas, abasto público, etc.

En sus acuerdos se iban recogiendo todos aquellos temas necesarios para el buen gobierno, en consonancia con los "usos y antiguas costumbres" de la isla. También correspondía al pleno la aprobación de ordenanzas, que venían a ser un acuerdo firme para reglamentar algunos servicios o tareas.

Los señores mantuvieron un dominio total sobre el concejo. Aunque, en términos jurisdiccionales, el señorío significó la cesión

---

102 Roldán Verdejo, R.: "Canarias en la Corona de Castilla", p. 260.

de tareas públicas por parte de la Corona para que los señores ejercieran su poder sobre el territorio en cuestión[103], el señorío de Fuerteventura, sin embargo, estuvo siempre supeditado al poder real, especialmente en materia jurídica. Así, las reuniones únicamente eran válidas cuando se convocaban con autorización de la Justicia. Aunque era costumbre contar con la presencia del señor, si iba a tratarse de algún tema que le afectase directamente a él, podían celebrarse sin que estuviera presente[104].

Por otra parte, para que diera comienzo la sesión era preciso que estuviesen presentes todos los cargos, aunque muchos no podían hacerlo, por estar ausentes, por estar en periodo de siega o por enfermedad. Las reuniones se convocaban con dos días de antelación, y regularmente a comienzos de cada mes. En líneas generales, en Fuerteventura el cabildo funcionaba como concejo cerrado cuando se trataba de una sesión normal, y como concejo abierto para debatir temas de verdadera importancia para el territorio, situación muy poco frecuente, bien fuera para demandar fondos a los vecinos en asuntos relacionados con la defensa, o para frenar el poderío señorial. A estos cabildos acudían, además del regimiento, otras personas relevantes como los alcaldes pedáneos y los vecinos de mayor importancia.

Entre las personas que destacaron en estos oficios a lo largo del Antiguo Régimen podemos citar a Juan Mateos, alcalde mayor de Fuerteventura, primo de don Gonzalo, por cuanto era hijo de Francisco Morales Mateo y de Bernardina de Cabrera, que a su vez era hermana de Margarita, la madre de don Gonzalo. Su padre, Francisco

---

103 Díaz Padilla, G. y J. M. Rodríguez Yánez: *El señorío en las Canarias Occidentales. La Gomera y El Hierro hasta 1700,* Santa Cruz de Tenerife, 1990, p. 467.
104 La Rosa Olivera, L. de: *Evolución del régimen local…,* p. 63.

de Morales Mateo, era, a su vez, hijo de Pablo Mateo el viejo, conquistador de origen mallorquín, quien había sido mayordomo de los señores, hijo legítimo de Justa Enríquez Melián, a quien creemos útil también traer a colación por el interés que deparan sus ancestros: esta Justa Enríquez Melián era hija de Enrique de Morales, castellano, y de Juana Melián, quien era genuina sucesora de su padre, Melián Francés, uno de los afamados conquistadores normandos de las islas, y de una hija de un rey de Fuerteventura. Debido a esta ascendencia (por la unión de la estirpe real isleña con un conquistador), Justa Enríquez Melián era considerada una persona noble en su tiempo y por ese mismo tratamiento recibió la deferencia de la señora de las islas, pues doña Inés Peraza intervino directamente para buscarle esposo, casándola y entregándole en dote, entre otras cosas, las casas de su morada donde vivía[105].

Juan Mateo se convirtió en un doble agente, pues tanto servía a los Herrera como a los Saavedra, y de ambos recibía favores y mercedes, de tal modo que el marqués de Lanzarote, don Agustín de Herrera y Rojas, solicitó a fines del siglo XVI al tribunal de la Inquisición que proveyera la vara vacante a favor de su prohijado Juan Mateo Cabrera, primo de don Gonzalo, además de una comisión para su yerno Gonzalo Argote de Molina. La primera petición le fue concedida el 6 de octubre de 1586, dándosele la vara de alguacil mayor del santo Oficio en Fuerteventura a Juan Mateo, en sustitución de su padre, Francisco de Morales Mateo, con lo cual adquirió un arma eficaz contra sus parientes, pues significaba esto una intromisión más en el gobierno de la isla. En esta época era costumbre que tal nombramiento se hiciera por elección o a propuesta de

---

105 Archivo Museo Canario, Legado Cristóbal Bravo de Laguna, 182-14. Genealogía de Pablo Mateos, vecino de Fuerteventura. 22 de enero de 1580.

los señores de la isla, sobre todo teniendo en cuenta que tal cargo llevaba anejo el honor de vara alta de justicia. Era, por tanto, un modo hábil de inmiscuirse en la política de sus rivales, ya que el apoyo del santo Oficio a su causa era una garantía para poder llevar a cabo su venganza y humillar a los Saavedra. No obstante, ambos señores, en reconocimiento a sus servicios, le concedieron mercedes de tierra en Fuerteventura, a la vez que le ratificaron las otorgadas a su padre[106].

Ocupó el cargo de regidor del cabildo majorero casi toda la segunda mitad del siglo XVI, pues todavía en 1595 entregaba como tal a un cura de la catedral a bordo de un navío fletado en Las Palmas todo el ganado cabruno y ovejuno, más las tocinas, cueros y quesos que cupieren en el navío[107].

También fue nominado por el señor para ocupar el cargo de alcalde mayor, puesto en que se mantuvo por muchos años, hasta al menos 1606[108], lo mismo que como alguacil y familiar del Santo Oficio. Es de destacar su participación en la defensa de la isla, en la que debió realizar importantes acciones, ya que recibió de Felipe II una carta donde le agradecía su servicio. Sin embargo, como familiar del Santo Oficio su labor no fue tan brillante, pues el obispo fray Juan de Herrera se quejaba al tribunal por los excesos que cometía como tal familiar en la isla de Fuerteventura[109].

Este personaje casó con su sobrina nieta Luisa de Cabrera León, descendiente como él del gobernador Alonso Cabrera Solier e hija de Juan de León Cabrera. Su mujer, a su muerte, solicitó y obtuvo

---

106 Lobo Cabrera, M.: "Mercedes de tierras de Fuerteventura", *Anuario de Estudios Atlánticos*, 59, 2013, pp. 85-120.

107 Archivo Histórico Provincial de Las Palmas, Francisco Suárez, n.º 906, f. 223 v.

108 Lobo Cabrera, M.: *Los antiguos protocolos....*

109 Archivo Acialcázar, legajo Cabrera.

licencia del obispo para levantar en su cortijo de La Matilla una ermita bajo la advocación de Nuestra señora de la Concepción[110].

La otra figura destacada y con mayor brillo en su gestión en el siglo XVII fue Sebastián Trujillo Ruiz, considerado como antecesor de los coroneles de Fuerteventura. Nació en Pájara en la década de los veinte del siglo XVII, hijo de Francisco Hernández Trujillo, natural de Chasna y vecino de Vilaflor en Tenerife, y de Florencia Ruiz, natural de Fuerteventura. Casó en 1651, en Fuerteventura, con Ana Dumpiérrez Cabrera, hija de Juan Negrín de Armas Zapata y de doña María Dumpiérrez Cabrera[111], con quien hubo tres hijos que ocuparon cargos de relevancia. El único varón, llamado como su padre, fue capitán de Fuerteventura y no sobrevivió a su padre, y de las dos hijas, una casó con Francisco González de Socueva, que alcanzó el grado de sargento mayor de Fuerteventura por nombramiento del rey, y la otra, doña María, se unió en matrimonio a su tío el coronel Pedro Sánchez Dumpíerrez[112].

Este personaje ha sido calificado como el mejor político y administrador que ha tenido la isla de Fuerteventura en todos los tiempos[113].

Su independencia, su buen hacer y su incansable labor y actividad en pro de la isla de Fuerteventura hacen que se mueva en el marco de la administración del señorío. Ocupó distintos cargos de

---

110 Cebrián Latasa, J.A. (i) *Fuerteventura en el pasado (siglos XV y XVI)*. Inédito. Archivo Gaviño de Franchy.

111 Archivo Museo Canario, Fondo Cristóbal Bravo. informaciones de Sebastián Trujillo y de Florencia Ruiz, 1663

112 Fernández Bethencourt, F.: *Nobiliario…*, T. II, p. 102

113 Roldán Verdejo, R. y C. Delgado González: *Acuerdos del Cabildo de Fuerteventura 1660-1728*, La Laguna, 1967, p. 18.

relevancia tanto en Fuerteventura como Lanzarote, aunque su residencia la tenía en la isla majorera, donde comienza a destacar desde 1656, año en que obtiene la plaza de escribano público, para en 1661 conseguir ser presentado como regidor del cabildo y depositario general de la isla, cuyo nombramiento había sido realizado a propuesta del señor don Fernando Arias y Saavedra. Así fue calificado como ministro y alguacil mayor del Santo Oficio por auto de 1664, sargento mayor y gobernador de las armas de Lanzarote, desde el 14 de octubre de 1662 hasta el 6 de febrero de 1663, y gobernador político y militar de Fuerteventura desde el 22 de marzo de 1667 por despacho de la reina gobernadora Mariana de Austria, la cual destaca en el nombramiento el porqué del mismo con las siguientes palabras "… por convenir al servicio del Rey, mi hijo, y a la seguridad y defensa de la dicha isla, proveerla en persona de práctica y experiencia militar, y atendiendo a que estas y otras buenas partes concurren en él…"[114]. Posiblemente dicho nombramiento real se había producido a petición del cabildo de Fuerteventura, que en septiembre de 1662 había acudido al rey para hacerle presente los grandes servicios que el majorero había hecho a su isla, socorriendo a sus vecinos en las calamidades que la azotaban con gran cantidad de trigo y dinero, que había conseguido traer en navíos que había fletado al efecto, para alivio de los más infelices, e incluso adquiriendo barcos "en que trasladar por su cuenta a los más faltos de recursos", lo que hacía que fuera digno de grandes mercedes. En efecto, el cabildo, dada la necesidad y falta de cosechas, le había encargado que enviara trigo para remedir el hambre. Amparaba, también, y recogía a todos los majoreros que llegaban a Lanzarote.

---

114 Fernández Bethencourt, F.: *Nobiliario…*, T. II, p. 102.

Días después de su nombramiento se le concedió licencia real para que pudiera traer de Cádiz, sin pago de derechos, 200 picas y 100 arcabuces, que destinó a armar a los majoreros para la defensa de Fuerteventura[115].

La preocupación por conseguir el bienestar de sus paisanos hace que, actuando como regidor y mayordomo del señor, plantee al cabildo la necesidad de tener una cárcel en condiciones y una casa digna para el consistorio, y con esa propuesta acude al señor en busca de ayuda, quien le hace entrega de trescientos ducados para el nuevo edificio que se solicita. Además, en su deseo de mejorar la vida de la isla y de sus habitantes, dona su casa de Betancuria con el fin de poner en marcha en ella un hospital de pobres.

En el año 1665, en enero, estando vacante el cargo de alcalde mayor, el cabildo, conocedor de su habilidad y constancia, propone que se le nombre como tal interinamente, y así lo acepta. Una vez en el cargo, se preocupa de remodelar la villa capital, acudiendo para ello al señor territorial para que concediera algún donativo con el fin de canalizar el barranco y construir sobre él un puente que permitiera a los vecinos salvar las dos orillas.

En el orden administrativo, con el fin de conseguir un cabildo que tuviera alguna independencia del señor, propone la instauración de la vieja costumbre de que dos de los regidores fueran elegidos entre los vecinos por sorteo. Al tiempo, se preocupa y se ocupa de que los beneficiarios de las mercedes obtenidas de los señores no impidan a los vecinos aprovechar las aguas, fuentes y pastos enclavados en ellas, dado que las mercedes se habían otorgado sin perjuicio de tercero.

---

115 *Ibid.*

Sebastián Trujillo Ruiz, sargento mayor de Fuerteventura.
Retrato anónimo. Colección Cabildo de Fuerteventura.

En 1667, después de ejercer distintos cargos, la reina Mariana de Austria, que debía conocer de su buen hacer, pues ya le había hecho otro nombramiento anteriormente, lo nombra sargento mayor de Fuerteventura y en 1680 vuelve de nuevo a ostentar el cargo de sargento mayor por nombramiento del señor Fernando Arias.

Sin embargo, su actuación más aplaudida por los majoreros tuvo lugar en 1688, año de calamidad y hambre. La miseria era tanta que a los vecinos se les hacía insoportable pagar el derecho de quinto, por lo que Sebastián Trujillo, como juez de la isla, decidido a acabar con dicho gravamen y atendiendo a las razones dadas por el personero en nombre de los vecinos, dicta su famosa sentencia a favor del pueblo y contra el señor territorial, dando así, según Roldán, "un golpe de muerte al feudalismo económico de los Saavedra[116]".

A pesar de esta sentencia, se mantuvo en el cabildo como regidor y sargento mayor, y con ambos cargos, uno dependiente del capitán general y otro del señor, se opone a la saca del trigo en 1689 por la necesidad que había en la isla[117].

Además de los cargos militares, judiciales y administrativos, también se ocupó de los religiosos, pues fue mayordomo de fábrica de la iglesia parroquial de Santa María de Betancuria[118], y como tal se ocupó de culminar la reconstrucción del templo, que se concluyó en 1691. Asimismo, de su propio peculio fundó en 1681 una capellanía vinculada a la ermita de la Virgen del Buen Viaje en el Tostón, con una pensión de 31 misas rezadas, a la que queda adscrita una serie de bienes que dan cuenta de la solvencia económica de nuestro personaje. Entre ellos se encontraban un cortijo de tierras en el lugar del Tostón, en el puerto, con 80 fanegas de tierra calma labradía, con su cerca, más 30 fanegas de tierras de arrabales y aguas, una *atahona* corriente con su camello para su uso y una ermita dentro del citado pago de la advocación de Nuestra Señora del Buen Viaje en donde se celebraba el culto divino, que él mismo había hecho levantar en el año 1680. Además, vinculó un pedazo de tierra plantado de árboles frutales en el sitio conocido como La Rosita, con tierras cercadas que estaban dentro del cortijo, más tres aljibes, dos acabados y otro para forrar, que servían para recoger

---

116 Roldán Verdejo, R. y C. Delgado González: *Acuerdos… 1660-1728*, p. 19.

117 *Ibid.*

118 Concepción Rodríguez, J.: "Las manifestaciones artísticas de Lanzarote y Fuerteventura: sus promotores", *en XI Jornadas de Estudio sobre Fuerteventura y Lanzarote*, Puerto del Rosario, 2004, pp. 473-480.

agua para el uso de los vecinos de aquel lugar, de La Costilla, Lajares y las embarcaciones que se acercaban a aquel puerto[119].

5.2. Competencias

El cabildo, como única institución local, tenía una serie de competencias y funciones, tal como se trasluce de los acuerdos en que se recogían todas las normas y regulaciones necesarias para el buen gobierno de la isla, en consonancia con los "usos y antiguas costumbres". También correspondía al pleno la aprobación de ordenanzas, que venían a ser un acuerdo firme para reglamentar algunos servicios o tareas. De estas apenas se conoce su contenido, salvo algunas aprobadas por los señores[120], aun cuando en algunas escrituras notariales se aduce a la costumbre antigua; así, en 1599, al rematarse la guarda de la vega de Río de Palmas y de la Matilla, se dice que se hace según la ordenanza dispuesta[121], y de la misma manera, cuando se rematan las garañonadas de Ayose y de Guise, se dice que se guardará según uso y costumbre y ordenanzas de la isla[122].

Además de estas normas de desarrollo, el cabildo interviene en casi todos los aspectos que afectaban a la isla, en especial en los económicos. La agricultura y la ganadería, como renglones principales y casi únicos de ocupación de los vecinos y moradores de Fuerteventura, serán objeto de su atención en todo momento, delimitando los problemas que se plantean entre ambos sectores, de modo que se salvaguardase, por un lado, que el ganado de todo

---

119 ACCVG. Fondo Bravo.
120 Cerdeña Ruiz, R.: "La ordenanza de 1744…".
121 Lobo Cabrera, M.: *Los antiguos protocolos…*, doc. 138 y 370.
122 *Ibid.*, doc. 399.

tipo no entrase en las vegas y sembrados perjudicándolos, y de otro que no se roturasen más terrenos que pudieran ir en merma de la actividad pastoril. Para ello el cabildo, desde tiempo inmemorial, y así consta en algunas escrituras, había delimitado las vegas y zonas donde se pudiera sembrar, las cuales debían estar cercadas. Por otro lado, tal como hemos visto por las ordenanzas, el cabildo celaba para que se hicieran las apañadas cada año, en caso de haber sementera.

Del mismo modo, desde el principio de su creación el cabildo tuvo competencias en la guarda y custodia de bienes comunales, así como en el cuidado y reparación de caminos que comunicaran la Villa con el resto de la isla. En cuanto a lo primero, además de los pastos de montaña, aguas y tierras baldías, hubo preocupación por la vegetación, ya de por si escasa en la isla, determinando el cabildo su vigilancia y la prohibición de cortar sin licencia tanto palmeras como tarajales y acebuches, tal como se había promulgado en las ordenanzas de Gran Canaria, salvo para hacer aperos de labranza. De ahí la importación de madera, sobre todo de La Palma y Tenerife, para cubrir casas, palacios, ermitas e iglesias.

Las vegas o tierras de cultivo, una vez sembradas, eran custodiadas por unos guardas nombrados por el cabildo, mediante subasta del cargo, que pagaban los agricultores en función de la producción de sus tierras. La misión principal y casi única era impedir que cualquier cabeza de ganado entrase en las vegas, dándoseles facultad para cobrar por cada res aprehendida dentro de las parcelas de cultivo.

Las vegas eran delimitadas por el propio cabildo, que las dedicaba al uso exclusivo de la agricultura, por lo cual se ordenaba cercarlas con muros de piedra y marcar sus rayas o linderos, que eran recogidos en el Libro de Rayas que tenía el cabildo y debían mantenerse, salvo que, por orden del concejo, previa petición de los vecinos, se largasen para nuevas rozas, como se produjo en distintos momentos en los lugares de Tiscamanita, Agua de Bueyes, Pájara y Antigua a lo largo de los siglos XVII y XVIII, siempre y cuando, tal como establecía una ordenanza, por cada veinte nuevas fanegadas que se roturasen se entregase una al consistorio como bienes de propios.

En relación con la producción de las tierras, si los años venían malos y había escasez de granos, se ponía cuidado en que los ganados, de cualquier tipo, fueran sacados de los sembrados y llevados a la costa. En la misma línea se dictaron medidas para la protección de los sembrados, como fueron los mandatos del Cabildo relativos a la extinción de cuervos. En este asunto se ponía mucho cuidado, especialmente en la exportación de las producciones, dependiendo de la abundancia o de la escasez debido a la climatología, en función de lo cual el concejo decreta el cierre o apertura de la saca al exterior, en especial a las otras islas. La reiteración de las medidas justifica la presencia en los acuerdos, en especial cuando otras autoridades, como la Audiencia, el señor o el obispado, se dirigen al cabildo para que dejen salir la parte que les correspondía, aduciendo los conflictos que se generaban por tal situación.

Los caminos constituían una red que permitía conectar Betancuria con los distintos poblados y con los puertos, tanto de una banda como de otra, así como con los pagos, lugares y aldeas que se hallaban diseminados por toda Fuerteventura. Al ser caminos de tierra, que se destrozaban en tiempo de lluvias, su arreglo constituía una de las mayores preocupaciones del cabildo, y por ello, primero los señores, y luego el cabildo, solían convocar a los vecinos para su arreglo como prestación personal[123].

En la misma línea, con el fin de que las fuentes no se entullaran y estuvieran prestas para dar servicio a los vecinos y a los ganaderos se convocaba de la misma forma al vecindario para su limpieza, amén de otros veneros privados que se habían dado en merced junto con tierras. Las fuentes más importantes eran la de Río de Cabras, por ser de uso general, y la del Sobrado en Betancuria, así como la de Pájara. Junto a las fuentes estaban los pozos, muchos de ellos del común, y otras propiedades de los señores como el de la dehesa de Guriame[124]. No hay que olvidar, además, la importancia que tuvo el agua en el diseño de la red de aldeas y lugares que se fueron creando en la isla, pues al calor de las fuentes se fue aglutinando la población, dado que sin agua no hay vida; por ello, no es casualidad que la primera población importante se asiente en la que fue durante siglos la capital de la isla, Betancuria, al hallar allí los conquistadores un paraje paradisiaco donde el agua abundaba. Del mismo modo, los distintos asentamientos que se fueron creando en Fuerteventura tuvieron como punto referente, por parte de los conquistadores y pobladores, la existencia en su entorno de algún manantial o fuente, y así fueron naciendo los pueblos y los pequeños caseríos.

---

123 Lobo Cabrera, M.: *Las comunicaciones históricas en Fuerteventura: caminos y puertos*, Puerto del Rosario, 2021.

124 Lobo Cabrera, M.: "Las fuentes y manantiales históricos de Fuerteventura", en *Fuerteventura cultura del agua*, coord. por R. Cerdeña Ruiz y E. Vera Sosa, Fuerteventura, 2015, pp. 203-220.

Fuente de Tababaire en La Oliva.

En la economía y la actividad comercial que se desarrollaba a partir de la agricultura de cereales, era función casi primordial del cabildo en esta época autorizar o denegar la exportación de productos de la isla, haciendo especial vigilancia de la saca de cereales al exterior[125]. Lo mismo sucede con el ganado, ocupándose de que estuviera debidamente marcado; de ahí la existencia en el consistorio de un libro de marcas[126], lo que viene a demostrar la importancia de la ganadería en la economía de la isla, con una producción importante de cueros y de quesos que se exportaban a otras islas y a Portugal.

---

125 Para más información sobre la composición del cabildo y sus atribuciones en los siglos XVII y XVIII, puede verse Roldán Verdejo, R. y C. Delgado González: *Acuerdos…*, pp. 33-132.

126 Navarro Artiles, F.: "Las 'marcas de ganado' en Fuerteventura", *III Jornadas de Estudios sobre Fuerteventura y Lanzarote,* Puerto del Rosario, 1989, vol. 2, pp. 321-343.

Tampoco descuidó el cabildo aquellos asuntos que tenían que ver con los bienes comunales, en especial con los arbustos y plantas silvestres, de modo que, para evitar su destrucción, se aplica la vigilancia oportuna, prohibiéndose cortar palmeras sin licencias ni otros tipos de arbustos, como tarajales y aceitunos.

La seguridad, la sanidad, la vigilancia de precios y el abasto público también ocuparon la atención de los munícipes. En este último tema la atención se centra en que Betancuria no quedase desabastecida por la escasez en recursos agrícolas y ganaderos, al residir en ella no solo los señores cuando residen en la isla, sino también muchos de los cargos públicos y los artesanos que centran su actividad en la villa.

El cabildo presta también atención a los precios y al aferimiento de las pesas y medidas, con el nombramiento de un veedor para que compruebe los padrones de las distintas medidas, especialmente, al ser una isla de producción de granos, las fanegas, almudes y cuartos.

Otro papel y competencia que tenía el cabildo, no menos relevante, sino, más bien, al contrario, era dar posesión y jurar a los señores, de la misma manera que estos debían jurar cumplir los privilegios otorgados a la isla y a sus vecinos por sus antecesores. En todas las ocasiones el Cabildo de Fuerteventura juró a sus señores como titulares de la isla.

La información más precisa la tenemos en 1545, cuando el cabildo de la isla, informado del fallecimiento del señor Pedro Fernández de Saavedra en tierras de moros, concretamente en el puerto de Tafetán, y teniendo conocimiento de que dejaba por su universal heredero a don Agustín de Herrera, lo juraron como señor y heredero de ambas islas de Lanzarote y Fuerteventura en cinco dozavos, según y de la manera que sus antepasados lo fueron. A su vez el señor, ante el cabildo en pleno, juró guardar los servicios, usos y buenas costumbres que sus ascendientes habían guardado. Situación similar se produce en 1557, después de la compra que don Agustín de Herrera hace a sus parientes, el conde de Portalegre y duque de Avero, de la tercia parte de las islas, esto es, cuatro dozavos, en presencia de Gonzalo de Saavedra, señor asimismo de las islas en un dozavo. En dicho acto el alcalde mayor y los alguaciles lo reconocieron como señor y le entregaron las varas de justicia, que acto seguido don Agustín se las volvió a entregar, sin contradicción alguna por parte de Gonzalo de Saavedra, que, como se dijo, se hallaba presente.

Una escena similar tuvo como escenario la villa de Betancuria en el año de 1571, por la compra que don Agustín de Herrera había hecho a los herederos de su tío Sancho de Herrera de otros dos dozavos de las islas de Lanzarote y Fuerteventura. El protocolo vuelve a ser el mismo, siempre en presencia de Gonzalo de Saavedra. Además de recibir el acatamiento del cabildo y las varas de justicia, el señor se comprometió a cumplir y guardar los privilegios y buenos usos y costumbres de las islas, según lo habían hecho sus antecesores, que por siempre jamás se haría justicia por todos los señores como siempre había sido; que los señores no podían criar ganados mansos de más de doscientas cabras y que los pastores que las guardasen lo debían ser en vecindad, conforme a las ordenanzas de la isla, y que no pudieran entrar en cotos ni en cercados ni en lugares defendidos, hasta tanto que los vecinos entraren por mandado de los regidores; que los caballos que tuviesen los señores no pudiesen ser echados al campo sueltos, sino atados. A estos se añadían los siguientes privilegios que tenían los vecinos, defendidos por los señores: en uno los señores habían defendido junto con los vecinos que no se metiesen en la isla camellos ni otros ganados de Berbería por ser perjudicial a los vecinos, y porque de un tiempo a esa parte se habían metido gran cantidad con el mucho peligro que eso acarreaba a los vasallos, y así habían solicitado por nueva ley que los señores no pudieran tener más de doscientos camellos para su servicio y necesidades, y que los debían tener en coto para que no hiciesen perjuicio al pueblo. Otro de los privilegios conseguidos era que las costas fueran francas, como siempre lo habían sido, para que los vecinos pudieran mariscar en ellas sin pena alguna, y el que hallare ámbar, que fuera obligado a quintarlo según la costumbre; en los quintos, que fueran quintados según la costumbre antigua, y que las yeguas y vacas de los señores no pudieran entrar en los cotos, ni vegas ni pastos, sino conforme y conjuntamente con los vecinos y según fuere ordenado por el regimiento. El último privilegio de los vecinos, jurado por el señor, tenía que ver con el comercio interior, de modo que los vecinos pudieran vender y comprar lo que quisieran o donde morasen sin hacerlo saber al quintador ni a otra persona alguna[127].

En el siglo XVII, el 3 de mayo de 1667, en la villa de Betancuria, ante el cabildo, conformado por el alcalde mayor interino, el regidor, escribano y personero, en sesión celebrada en las casas de palacio del señor Fernando Arias y Saavedra, y concurriendo al acto distintas personalidades de la isla como el notario del Santo Oficio y el ingeniero militar del archipiélago, lo mismo que muchos vecinos y todas las compañías de caballos e infantería que se juntaron en la plaza del palacio, el señor expuso ante todos ellos que su hijo don Fernando Matías era el heredero del estado, y como tal era su

---

127 Archivo Histórico Provincial de Las Palmas, Bernardino de Rosales, n.º 892, f. 32 r. y ss.

voluntad que cuando llegare el caso se le recibiera como tal señor, con el deseo de que se hiciera el juramento acostumbrado e inmemorial según lo habían hechos sus antecesores. Ante dicha exposición, el cabildo allí reunido contestó que lo obedecía y recibiría en caso de muerte a don Fernando Matías como tal señor con alto, bajo, mero y mixto imperio, y lo mismo prometieron los capitanes y ministros de justicia y guerra allí presentes. Para que fuera más notorio y se tuviera conocimiento de todo ello, el señor mandó que se pregonase a toque de caja de guerra en la plaza del palacio[128].

---

128 Roldán Verdejo, R. y C. Delgado González: *Acuerdos... (1660-1728)*, doc. 87, p. 78.

6. POBLAMIENTO

La repoblación señorial, y concretamente la de Fuerteventura, fue lenta, mucho más a partir de la conquista de las islas realengas, que ofrecía mayores ventajas a los pobladores. Los mayores enemigos de dicha repoblación para el caso de Fuerteventura fueron, por un lado, la escasez de recursos hídricos, y por otro, el propio territorio, semidesértico, a la vez que las obligaciones que imponían los señores a los colonos, entre ellas la de participar en las cabalgadas a Berbería. A ello se unía la climatología, que traía consigo consecuencias funestas, en especial en los años de escasez de lluvia que llevaban aparejadas la sequía y el hambre, al mantener una economía agraria propia de secano, y la falta de interés de una burguesía mercantil para establecerse en el territorio, como consecuencia de la aplicación del derecho de quintos, que impedía la acumulación de capital.

Casas tradicionales de Fuerteventura.

El poblamiento de Fuerteventura se desarrolló de modo disperso, diseminándose en pequeñas aldeas, en función de la existencia en sus alrededores de fuentes. Los pobladores se asentaron en los valles y cerca de las zonas de cultivo, en las vegas, con lo cual nos encontramos con una población eminentemente rural, con un lugar señalado como residencia del señor, Betancuria, que le da la categoría de capital, pero que se diferenciaba en lo demás muy poco del resto de los núcleos de población.

Los pobladores de la isla, tal como sucedió en el resto de Canarias, procedían de distintos puntos de la geografía nacional y de otros países europeos, especialmente de Portugal, lo que generó una sociedad mixta y permeable, pues, como señala G. Frutuoso, a fines del siglo XVI

> Os moradores de Fuerteventura, sao criadores de gado miudo e de camelos; e já sao como os Espanhois, con quem casam seus filos e filhas…Entre os moradores de lá ha fidalgos dos Perdomos e Saavedras e dioutros apelidos[129].

En efecto, entre los pobladores hay que distinguir dos grupos bien diferenciados: por un lado, estaban los conquistadores, vinculados desde el principio al señorío y al aparato miliar, y por otro los colonos y pobladores llegados en busca de mejor fortuna. A ellos hay que añadir los moriscos, que fueron numerosos, y los negros que llegaron como esclavos y acabaron liberándose.

La población europea, y con ella sus familias, desde los primeros años de su presencia en la isla se va a establecer y concentrar en las vegas y valles más productivos, como eran los de Betancuria, La Oliva, Santa Inés, Tetir, Río de Palmas, La Matilla y Tuineje, así como zonas menos extensas y donde la sequedad era más notable.

---

129 Frutuoso, G.: *Saudades da terra*, Lisboa, 1939-1940, p. 101.

En general, podemos considerar que la isla de Fuerteventura se fue poblando de manera irregular, debido a los vaivenes económicos que se van sucediendo a lo largo del tiempo. Los altibajos a los que se hace alusión, como casi todos los que resultan propios de sociedades atrasadas de base agraria, se explican en función de las coyunturas favorables o adversas de la economía insular[130].

En los primeros siglos el crecimiento fue lento, pues la actividad desarrollada en la agricultura y ganadería no era muy diferente a la de sus lugares de origen y a ello se une la fiscalidad, que tampoco propiciaba la permanencia, hasta el punto de que, cuando se concluye la conquista de las islas realengas, parte de la población se traslada a Gran Canaria y Tenerife. Junto a estas causas tenemos los retrocesos demográficos que se van produciendo cuando las hambrunas y la llegada de plagas hacen que la población emigre en busca de destinos más habitables.

Las primeras cifras que conocemos son relativas al siglo XV y se deduce de ellas que la población de la isla era sumamente reducida[131], calculándose que vivían en ella unos doscientos pastores con sus cabras. Como señala V. Martínez Encinas, salvo la villa de Betancuria, la isla estaba prácticamente deshabitada. El primer recuento poblacional del que tenemos noticias indica que entre 1440 y 1450 Fuerteventura tendría en esa fecha unas mil doscientas personas, concentradas básicamente en la comarca de la villa capitalina y en sus inmediaciones[132].

---

130 Díaz Hernández, R.: "El poblamiento de Fuerteventura hasta el siglo XVII", *Tebeto. Anuario del Archivo Histórico Insular de Fuerteventura*, 1, 1988, pp. 13-28.
131 Martínez Encinas, V.: *La endogamia en Fuerteventura,* Las Palmas, 1980, p. 112.
132 *Ibid.*, pp. 112-113.

6.1. Siglo XVI

La situación en el siglo XVI varia muy poco, pues los nuevos pobladores prefieren las islas realengas para avecindarse y, aunque se dan algunas cifras por las instituciones, el vecindario no aumenta mucho[133].

Las noticias más ciertas que tenemos sobre la presencia humana en cifras se dan a fines del siglo XVI gracias al censo de población elaborado por el obispo Suárez Figueroa en 1585 y a las noticias que nos dan el tío del licenciado Valcárcel y el ingeniero militar Leonardo Torriani.

Casa rural de Fuerteventura.

---

133 Archivo Museo Canario, Inquisición, 1605, leg. XXXIII-14. Refiriéndose a Fuerteventura dice literalmente que "Santa María de Betancuria 280 vs.".

En el primer caso, el obispo Suárez Figueroa nos da una relación de unos doscientos diecinueve vecinos. Por lo tanto, suponiendo que cada vecino equivaliese a cuatro personas y media —índice que, por otra parte, parece razonable para la época en cuestión— se puede inferir que a finales del XVI, Fuerteventura no tendría más que un millar escaso de habitantes, lo que viene a demostrar que la población había crecido muy poco.

Sin embargo, da la sensación de que la persona que recoge la información, posiblemente el párroco de la iglesia de Betancuria, subvalora un tanto la dimensión real del pueblo majorero, hecho este sobre el que no parece existir la menor sombra de duda y que, además, se puede demostrar examinando los datos que nos transmite uno de los autores, que literalmente señala: "... tiene la ysla vn lugar bueno que entre él y las demás población de la ysla contaría con unos 1 800 vezinos..."[134]. El ingeniero es de la misma opinión, indicando que la isla estaba bastante deshabitada, aunque contaba con unas 150 casas en Betancuria, y hace un cálculo de la existencia en la isla de unas 2 000 almas[135].

6.2. Siglo XVII

En el siglo XVII, aunque en las informaciones que dan las autoridades, entre ellas los inquisidores, se sigue insistiendo en el despoblamiento, asistimos a un despegue demográfico, con un crecimiento importante de la población, a pesar de las distintas crisis

---

134 Marco Dorta, E.: "Descripción de las Islas Canarias hecha en virtud del mandato de S. M. por un tío del Licenciado Valcárcel", *Revista de Historia*, 58. 1943, p. 203.

135 Torriani, L.: *Descripción e historia del reino de las islas Canarias.* Santa Cruz de Tenerife. 1969, pp. 84-86.

que asolan al siglo; así, en 1629 el obispo Cámara y Murga, en sus Constituciones, nos da una relación de pobladores más cercana a la realidad y nos habla de la presencia en la isla de unos 500 vecinos, es decir, unos 2250 habitantes, esparcidos por distintos lugares, mientras que en la villa capital se concentraban unos 500 habitantes[136]. Por su parte, el cabildo, en 1641, en uno de sus acuerdos, recorta un poco la cifra y recoge la existencia en la isla de 334 vecinos[137]. Esta cifra aumenta en la información que da el propio cabildo años más tarde, entre 1668 y 1669, en que parece que la población se había recuperado, aunque señala que la mayoría de los vecinos, 500, eran pobres[138].

A partir de ahí desaparece cualquier información relativa al poblamiento y habrá que esperar a los recuentos mandados a hacer por el obispo Bartolomé García Jiménez entre 1676 y 1688[139]. De ellos se deduce un crecimiento notable, quizá sustentado por años de buenas cosechas que incitaban a la llegada de forasteros en la época de la siega y trilla de los cereales. Durante estos años, nos encontrarnos con cantidades máximas del orden de 4000 habitantes en las anualidades de 1679 y 1683.

---

136 *Constituciones Sinodales del obispado de Gran Canaria*, Madrid, 1633, fs. 343-344.

137 Roldán Verdejo, R. y C. Delgado González: *Acuerdos… 1605-1659*, p. 256, nota.

138 *Ibid.*, act. 94.

139 Sánchez Herrero, J.: "La población de las Islas Canarias en la segunda mitad del siglo XVII (1676-1688)". *Anuario de Estudios Atlánticos*, 21, 1975. pp. 237-417.

Pequeño poblamiento de Fuerteventura con agrupación de casas.

CUADRO I

La población de Fuerteventura en el siglo XVII

Años	Población
1676	3 314
1678	3 579
1679	4 064
1680	3 889
1681	3 895
1682	3 504
1683	4 064
1684	2 123
1686	3 123
1687	3 498
1688	3 912

Fuente: Sánchez Herrero, J.: Art. cit.

La diferencia sustancial entre las cifras anteriores y estas para explicar tan brusco crecimiento tenemos que buscarla en las plagas de langosta, de ratones y cuervos, que llegaron a constituir verdaderos azotes para el crecimiento de la agricultura, tal como aconteció en los años 1624 y 1627[140]. A ello hay que añadir la alhorra, que destruía las cosechas de cereal. En 1688[141] nos encontramos de nuevo con un descenso de efectivos, ocasionado por la crisis que se produjo entre los años 1682 y 1685.

En 1689, en una sesión del cabildo la cifra aumenta, al contabilizarse una población que oscilaba entre las 6 000 y 7 000 almas[142]. Con estos recuentos y estos altibajos llegamos a la conclusión de que en dicha centuria no se contó con un poblamiento continuo.

Esta población se agrupaba en torno a unas 892 casas habitadas, concentradas mayoritariamente en las localidades de Betancuria, Antigua y La Oliva al norte, y en el sur, Pájara y Tuineje[143].

6.3. Siglo XVIII

El siglo XVIII no cambia significativamente la tendencia, dándose un crecimiento discontinuo, con algunos baches producidos por el hambre y la emigración, aunque muchos de los migrantes, pasada la calamidad, regresan de nuevo a Fuerteventura. En esta centuria los datos son más fiables y abundantes, toda vez que hay varios recuentos a lo largo del siglo, realizados con distintos objetivos, no siempre explicitados[144]. El primero se ejecuta en 1718 y

---

140 Martínez Encinas, V.: *La endogamia…*, pp. 29-36.
141 Sánchez Herrero, J.: "La población de las Islas Canarias…", p. 237.
142 Roldán Verdejo, R. y C. Delgado González: *Acuerdos 1660…1728*, p. 134.
143 Sánchez Herrero, J.: "La población de las Islas Canarias…", pp. 412-413.
144 Santana Pérez, J. M.: "La población de Fuerteventura a fines del Antiguo Régimen", *Boletín Millares Carlo*, 17, 1998, pp. 153-182.

en él se calcula que la población de la isla ronda los 1 215 vecinos[145], es decir, unas 5 467 almas, manteniendo así la tendencia que venía de la centuria anterior.

El siguiente recuento se lo debemos al obispo Dávila y Cárdenas, quien en sus constituciones de 1733 nos habla de la existencia de 1 463 familias radicadas en Fuerteventura[146].

Posteriormente, y de la mano de otro obispo, en este caso de apellido Guillén, gracias a la visita que hace a las islas, accedemos a nueva información sobre la población radicada en la isla de Fuerteventura. En este caso señala la existencia de 7 282 habitantes en la isla[147].

Sin embargo, será en la segunda mitad de la centuria cuando asistimos a un mayor interés por los recuentos poblacionales, especialmente al margen de la iglesia. En 1755 se realizó un compendio de las ciudades, villas, lugares y aldeas del distrito de la Chancillería de Granada y de la Audiencia de Sevilla, en el que figura la isla de Fuerteventura con sus núcleos de población[148]. Las tres localidades más importantes, en ese momento también sedes parroquiales, eran Betancuria, como villa capital, y Pájara y La Oliva, como ayudas de parroquia. Las tres aglutinaban un total de 1 930 vecinos, que hacían una población de 8 685 almas, de las cuales el 57 % residía en Betancuria, seguida por Pájara y La Oliva que en aquella fecha contaba con 304 vecinos.

---

145 Bruquetas de Castro, F.: "La población de Fuerteventura a comienzos del siglo XVIII", *VII Jornadas de Estudios sobre Lanzarote y Fuerteventura*, T. I, pp. 451-464.

146 *Constituciones y nuevas adiciones sinodales del Obispado de Canarias*, Madrid, 1737, fs. 501-507.

147 Viera y Clavijo, J.: *Noticias…*, T I, p. 842.

148 Jiménez de Gregorio, F.: "La población de las Islas Canarias en la segunda mitad del siglo XVIII", *Anuario de Estudios Atlánticos*, 14, 1968, pp. 127-301.

Curiosamente, a pesar de las cifras, los distintos autores que se han acercado al tema señalan que, frente al crecimiento de efectivos que se produjo en el siglo XVII, en este siglo las cifras o se mantienen o bajan, aunque también es verdad que en la segunda mitad del siglo XVIII Fuerteventura fue sacudida por hambrunas y plagas que ocasionaron que parte de la población emigrara hacia las otras islas para escapar a las estrecheces a que las avocaba el modelo económico implantado en la isla desde su conquista. El retroceso se aprecia en el censo de Aranda y en el del ingeniero Ruiz Cermeño.

Las cifras recogidas en el primer recuento elaborado en 1769, 8 860 habitantes, dan cuenta de la fuerte crisis que se cernía sobre Fuerteventura, hasta el punto de que gran parte de sus vecinos habían huido hacia las islas centrales y en ellas se quedarían, pues la sequía duró hasta 1772. Es curioso, además, como en este recuento se anotan aquellos vecinos que se hallaban ausentes en otras islas, llamando la atención los 550 de Pájara, pues esta comprendía la zona sur de la isla, quizá la más castigada en los años de sequía. Justo en ese último año, 1772, es cuando se hace el listado elaborado por Ruiz Cermeño y aquí se nota cómo la sequía, el hambre y la emigración habían hecho mella en la población, que desciende a 4 752 habitantes[149]. En este documento, curiosamente, se hace una descripción minuciosa de Fuerteventura de carácter eminentemente militar, como correspondía a un ingeniero.

En 1776 el nuevo comandante general, Eugenio Fernández de Alvarado, marqués de Tabalosos, realiza un plan político[150], en el

---

149 Rumeu de Armas, A.: "Estructura socioeconómica de Lanzarote y Fuerteventura en la segunda mitad del siglo XVIII", *Anuario de Estudios Atlánticos*, 27, 1981, pp. 448-449.

150 Rumeu de Armas, A.: "Una curiosa estadística canaria del siglo XVIII. El plan político del marqués de Tabalosos", *Revista Internacional de Sociología*, 3, 1945, pp. 179-185.

cual no solo recoge la población sino también las cosechas y el ganado de todas las islas. En concreto, de Fuerteventura nos dice que hay tres pilas —Betancuria, La Oliva y Pájara— y cuarenta y tres poblaciones junto con tres pósitos y veintitrés ermitas. El total de población que da para la isla es de 8 467, lo que indica que en poco menos de cinco años se ha retornado a la tendencia de crecimiento de fechas anteriores, tal como se confirmará posteriormente en el censo del conde de Floridablanca de 1787[151], a pesar de que Fuerteventura fue de nuevo castigada en esa fecha con una nueva hambruna.

En el citado recuento se cifran como habitantes de Fuerteventura 10 614 habitantes, repartidos en los núcleos poblacionales más grandes, omitiendo el resto de los lugares y aldeas de la isla, estimados por distintos autores en más de treinta[152], muchos pequeños y dispersos, que llaman la atención en 1764 del médico G. Glas[153], cuando señala que estaban "… arriba y abajo en la parte norte y en el interior de la isla, de tal manera que cuando perdemos de vista uno, alcanzamos ya a ver otro…". Estos núcleos estaban ubicados preferentemente en el interior de la isla, dado el temor que había a los ataques piráticos, encontrando solo presencia humana, aunque con pocas personas, en los puertos principales de la isla en esta época.

Del total de lugares, el más poblado con sus barrios seguía siendo Betancuria, con 2 811 almas, seguido de Pájara, la Oliva y Antigua, que se significa con un aumento de población con respecto al censo anterior, aunque mínimo, lo que muestra que los efectivos no se habían recuperado después de la última crisis y la

---

151 INE: "Censo Español executado de orden del Rey comunicada por el Excelentísimo Señor conde de Floridablanca", Madrid, 1981.
152 Así lo señala Viera y Clavijo, J.: *Noticias…*, pp. 840-842.
153 Glas, G.: *Descripción de las Islas Canarias*, 1764, La Laguna, 1982.

consiguiente emigración de los majoreros. Este censo da idea de cómo estaba estructurada la sociedad y los cargos más destacados; así, de Betancuria dice que la ocupaban dos curas, dos beneficiados vinculados a la parroquia, junto con un teniente de cura, sacristanes y un acólito. Vinculados también a la religión estaban seis profesos y cuatro legos del convento de San Francisco; a ellos les siguen dos escribanos y diez estudiantes, seguramente vinculados al convento, junto con los oficios típicamente urbanos, como cinco comerciantes, treintaisiete artesanos y setenta criados. Sin embargo, el grueso de la población estaba constituido por las personas vinculadas a la tierra, como los labradores y jornaleros, de los cuales se cuentan 346 en el primer caso y 156 en el segundo[154].

Finalmente, como fecha final de los recuentos en el Antiguo Régimen tenemos la estadística elaborada por Escolar y Serrano, redactada en 1802, en la que se establece la población de la isla de Fuerteventura en 12 451 habitantes[155], repartidos en los pueblos de Betancuria, La Oliva, Tetir, Casillas del Ángel, Antigua y Tuineje. En este caso se omite a Pájara como lugar poblado con parroquia, siendo este lugar la jurisdicción más poblada[156].

154 Jiménez de Gregorio, F.: "La población de las Islas Canarias…", pp. 218 y ss.
155 Hernández Rodríguez, G.: *Estadística de las Islas Canarias 1793-1806, de Francisco Escolar y Serrano*, Las Palmas de Gran Canaria, 1984, T. I., pp. 63-114.
156 Bory De Saint-Vicent, J. B. G. M.: *Ensayos sobre las Islas Afortunadas y la Antigua Atlántida o Compendio de la Historia General de las Islas Canarias*, La Orotava, 1988, p. 119.

CUADRO II

Evolución de la población regional, 1787-1818

	1787		1802			1818		
Islas	Hab.	(%)	Hab.	(%)	Tasa	Hab.	(%)	Tasa
Tenerife	61 432	36,5	70 067	36,0	0,88	84 870	36,9	1,21
Gran Canaria	48 943	29,1	55 093	28,3	0,79	67 437	29,3	1,27
La Palma	23 723	14,1	28 824	14,8	1,31	32 276	14,0	0,71
Lanzarote	12 778	7,6	16 160	8,3	1,58	18 215	7,9	0,75
Fuerteventura	10 708	6,4	12 451	6,4	1,01	14 032	6,1	0,75
La Gomera	6 944	4,1	7 915	4,1	0,88	8 173	3,6	0,20
El Hierro	3 800	2,3	4 006	2,1	0,35	4 766	2,1	1,09
Total	168 328	100,0	194 516	100,0	0,97	229 769	100,0	1,05

Fuente: Macías Hernández, A. M., *La población de Canarias (c. 1400-1850)*. Manuscrito.

7. SOCIEDAD

La sociedad de Fuerteventura a lo largo del Antiguo Régimen es eminentemente rural y como tal se comporta, pues la capital, Betancuria, se fue despoblando en beneficio de otras poblaciones como La Oliva y Pájara. En la villa capital residían, además de los señores, el grupo social más acomodado y algunas familias terratenientes, agraciados por los señores con mercedes de tierra, que se beneficiaban de la exportación de granos.

Una gran parte de la población se sustentaba con una economía de subsistencia, que se fue agudizando con el paso de los siglos como consecuencia de las continuas crisis sufridas por la isla, por lo que gran parte de los campesinos propietarios pasaron poco a poco a trabajar para los señores en la medianería o vendían sus brazos mediante el pago de un jornal, con lo cual se impidió que se crease una base fuerte de agricultores con propiedades, ya fueran medianas o pequeñas.

Camello, burro y ganado de cabras. Colección FEDAC.

Estas condiciones hacen que la sociedad se estructure entre dos polos, los poderosos y los marginados, quedando el centro ocupado por un amplio sector de la población dedicado a la agricultura, a la ganadería, a la recolección y al comercio interno.

La tierra, así como las pocas aguas existentes en la isla, fueron el origen de la desigualdad social, pues mientras algunos habían recibido mercedes en calidad y cantidad, que les permitían obtener buenas y grandes cosechas, otros tuvieron que resignarse con la posesión de pequeñas parcelas de tierra no siempre suficientes para alimentar a su familia. Esto hace que los primeros, poco a poco, vayan acumulando propiedades, aprovechándose de los malos años, y en función de ello sean los que menos sufren las crisis, pues mientras los pequeños propietarios y jornaleros huían de la tierra en los años críticos, los poderosos se mantuvieron en el territorio ampliando sus propiedades con la compra, a veces, a bajos precios, a aquellos que necesitaban el dinero para comprar un pasaje con destino a Tenerife o a Gran Canaria. Por debajo de estos dos sectores están aquellos sin más riqueza que la fuerza de los brazos que alquilan en los años de buenas cosechas y en otras labores vinculadas a la construcción, a la limpieza, a la obtención de cal, etc.

Por debajo de todos estos grupos tenemos a los esclavos, que, aunque no fueron tan numerosos como en las islas realengas, jugaron un papel destacado en la economía de la isla, primero como agricultores y especialmente ganaderos, y luego como bienes muebles en los que invertir, además de que desempeñaron un papel destacado en el servicio doméstico. Junto a ellos se encuentran al margen de la sociedad los hijos ilegítimos y los expósitos, que, aunque no fueron muy numerosos, al ser producto de la sociedad urbana, también están presentes dentro del conjunto social.

Aldea y casas diseminadas. Colección FEDAC.

7.1. Los poderosos

El grupo más importante era el que aglutinaba a los privilegia-dos, y aunque no era muy numeroso se distinguía por sus apellidos, presentes en la isla desde los momentos posteriores a la conquista, y por la trascendencia de sus actuaciones. En conjunto las familias destacadas no llegaban a diez y vivían repartidas entre la Villa, Pá-jara y La Oliva. Destacan los Mateo, los Cabrera, los Trujillo, los Martínez Goias, los Socueva y los Sánchez Umpiérrez.

Estos, además de ser los poseedores de las mejores tierras gra-cias a las mercedes que habían recibido, tanto ellos como sus an-tepasados, se caracterizaban por acumular propiedades, rentas, bienes inmuebles y muebles, como base de distinción social, que acompañaban con la ejecución de obras pías como ermitas y capillas, así como con cargos dentro de la administración del señorío.

En general, según se aprecia en los acuerdos del cabildo y en los protocolos notariales, acapararon cargos de toda índole, desde los públicos hasta los de las milicias y la iglesia. Desde su responsabilidad dirigían la vida local como alcaldes mayores, regidores o escribanos públicos, y la económica a través de su patrimonio, que iba aumentando mediante estrategias familiares endogámicas, de tal manera que se fueron entroncando entre ellos hasta llegar a los coroneles, siendo el ejemplo más notorio el coronel Melchor de Cabrera Bethencourt, quien dispone de una masa de bienes importantes que había acaparado tanto el linaje de los Cabrera como el de los Umpiérrez, conformada por una veintena de fincas en La Oliva, con una superficie de 613 hectáreas, sin contar algunos cortijos como el de La Costilla, con rozas y gavias de muy buena calidad, así como casas y aljibes[157].

En efecto, los militares adquirieron casi desde el principio una categoría y una valoración social destacada, pues ya desde el siglo XV estaban rodeados de una doble aureola: por los éxitos en las cabalgadas africanas y por el mantenimiento de la integridad insular al defender la tierra de posibles enemigos. También aquí destacan familias importantes como los Medina, Dumpiérrez, Sánchez de Jerez, Hernández y Soto.

Del mismo modo estas familias van a ir poco a poco haciéndose con la mayor parte del ganado existente en la isla, junto con otros bienes muebles que les van a permitir rentabilizar y acrecentar sus ingresos[158].

---

157 Millares Cantero, A.: "Los coroneles…".

158 Sobre el parentesco del grupo de poder en Fuerteventura, véase Martínez Encinas, V.: *La endogamia…*.

Por otra parte, se convirtieron en los siglos XVII y XVIII en personas de confianza de los señores territoriales, hasta el punto de acaparar los cargos de gobernadores y alcaldes mayores, y ser, además, arrendatarios de los derechos de quintos y otros gravámenes pertenecientes a los señores, a la vez que se ocupaban de la adquisición de otros derechos como el diezmo, recaudación y cargas de los censos y tributos.

Asimismo, se van asentando en los cargos de los mandos de las milicias como sargentos mayores, capitanes y otros nombramientos, hasta llegar a ser coroneles, con todo el poder económico y político de la isla de Fuerteventura.

Aunque sufrirán también las consecuencias de las sequías y de las crisis como todo el vecindario, dada su situación económica van a aprovecharse de las circunstancias para adquirir a los menos favorecidos sus bienes, especialmente aquellos más feraces.

7.2. El común

Este grupo era el más numeroso, no solo en la Villa, donde de un total de 644 vecinos, según uno de los recuentos del siglo XVIII, 346 eran labradores y 156 jornaleros sin tierras, sino en toda la isla, donde la estructura social era muy similar. Esto da idea de las personas que conformaban este grupo, el más numeroso dentro de la isla, dedicado exclusivamente a la agricultura y a la ganadería. Algunos disponían de pequeñas propiedades, pero no lo suficientemente grandes para prosperar y acercarse al grupo superior, y otros contaban como única riqueza con la fuerza de sus brazos, que empleaban en las tareas temporales vinculadas al campo, poniéndose al servicio de algún potentado, o cuidando cabras y otros animales.

Además, conformaban el elemento humano más importante dentro de la economía majorera y, a pesar de que sufren oscilaciones que van de la opulencia a la miseria, puede considerárseles los auténticos agricultores-ganaderos, aunque con notables diferencias entre ellos en función de su patrimonio. La dedicación a la tierra y al ganado fueron la base de su quehacer para poder subsistir en un territorio difícil y engrosaran el grupo de los que en épocas de sequias emigraban hacia otras islas.

Entre ellos tenemos a los pequeños propietarios, a los medianeros y a los aparceros, Los primeros cuidan sus gavias y vegas completando su economía familiar como medianeros de las tierras de los señores o amos.

Los medianeros constituyen un grupo especial, pues viene a ser una forma muy particular de arrendamiento, poniéndose al servicio de algún poderoso, que es incapaz de poner a producir todas sus tierras. El medianero las cultiva como si fueran suyas, construyendo su casa cerca de ellas. El amo pone la tierra y las semillas y el medianero sus brazos y su trabajo, y a cambio debe entregar al señor la mitad del trigo y la paja, en los graneles y pajeros del propietario.

Los integrantes de este grupo se mezclan entre sí, por un lado, para aumentar el poco patrimonio que tienen, pero también para poder sobrevivir mediante la unión del trabajo de ambas familias, aunque en ocasiones se unían, especialmente en la época de la siega y de la trilla[159], con los forasteros que llegaban de otras islas o de Portugal.

---

159 *Ibid.*

7.3. Los esclavos

Concluida la conquista, y ante la existencia de órdenes y provisiones que amparaban a los mahos, se hizo necesaria la importación de mano de obra esclava de la costa africana. Bien mediante cabalgadas y rescates en las costas de Berbería y a través de compras a los mercaderes portugueses o llevando a cabo expediciones a Cabo Verde y Guinea, llegaron al archipiélago esclavos berberiscos y negros, necesarios en todos los sectores económicos, para el desarrollo de la nueva sociedad.

Puede decirse que la primera población esclava de importancia en Fuerteventura es la morisca, procedente de la vecina costa de África. Desde los primeros años del siglo XV comienzan los contactos entre la Isla y Berbería de Poniente, indicándose que la primera entrada en África fue realizada por el propio Juan de Bethencourt en 1405, quien cautivó un buen número de esclavos moros.

Rumeu de Armas, por su parte, mantiene que las incursiones de los señores de Canarias en la vecina costa africana las inicia Diego de Herrera. Muerto Herrera en 1485, sus descendientes continuarán la labor emprendida por él en el continente africano. Desde Fuerteventura los organizadores más sobresalientes fueron los señores Hernando Arias Saavedra, Gonzalo de Saavedra, el viejo, doña María de la O Moxica y su hijo Gonzalo de Saavedra, quienes, bien juntos o en compañía de las autoridades grancanarias, prepararon expediciones de cabalgadas o rescate a Berbería para traer cautivos. Estas expediciones sufren un parón en 1572, fecha en que Felipe II, por razones de conveniencia política y diplomática, después de los ataques sufridos por la isla de Lanzarote, las prohíbe, aunque algunas son autorizadas posteriormente en 1579.

A través de estas expediciones, Fuerteventura se nutrió de esclavos moriscos, que fueron utilizados como mano de obra en el campo, para plantar y cuidar las sementeras, así como para andar con el ganado, además de ser empleados como adalides en las cabalgadas a África, por conocer bien aquella tierra, las fuentes y los lugares donde podían cautivar nuevos seres humanos. Algunos de estos berberiscos, especialmente los de cierto prestigio en sus tribus, eran intercambiados luego en el rescate por esclavos negros, en una proporción de dos a uno, aunque, a veces, se conseguían más. Con este sistema se obtienen dos tipos de esclavos, moriscos y negros, que convivirán luego en el suelo majorero.

A fines del siglo XVI los moriscos de Fuerteventura, ya muy abundantes, habían alcanzado la condición de libres, tal como relata el vicario y capellán de la isla Ginés Cabrera de Betancor en 1595; este señala en el preámbulo del padrón de moriscos, mandado confeccionar por el tribunal de la Inquisición, que de sesenta años a aquella parte se habían ahorrado, esto es, liberado, en aquellas islas (Lanzarote y Fuerteventura) trescientas casas de ellos. De acuerdo con el citado padrón, los moriscos constituían el 15,3 % de la población majorera.

Años más tarde, cuando se plantea el problema de la expulsión, de la cual quedaron exceptuados los moriscos de Canarias, se informa por parte de Pablo María de Armas Monroy, vecino y regidor perpetuo de la isla y maestre de campo de ella, que residían en Fuerteventura de 55 a 60 moriscos, a los cuales llamaban naturales, que habían nacido y se habían criado en ella, cuyo capitán era Esteban Pérez.

Los habitantes de Fuerteventura en el siglo XVII, cortadas sus vías con África, recurren a otros sistemas. Uno de ellos era concertarse con los mercaderes portugueses para adquirir algunos esclavos. En otras ocasiones, ante la demanda de esclavos en Fuerteventura, son los propios lusitanos quienes envían esclavos negros a la isla para que se vendan en ella, como un capitán, residente en la isla portuguesa de Madeira, que envía un negro al sargento mayor Sebastián Trujillo Ruiz para que se lo vendiese en la cantidad que le pareciese. También Fuerteventura se provee de esta mano de obra a través de Tenerife, pues los residentes de esta isla, vecinos principalmente de Garachico, La Orotava y Santa Cruz, acuden con frecuencia a la isla majorera a poner en circulación esclavos negros naturales de Angola y Cabo Verde. Esto es lógico, si tenemos en cuenta que Tenerife mantiene un tráfico importante con Angola, gracias a la colaboración de los isleños con los portugueses; de este modo el vino canario era trocado en aquellas partes de África por esclavos, que luego llevaban a América o traían a las islas. También la abundante población negra que tenía Santa Cruz hacía que parte de ella se desviara hacia otros lugares, entre ellos Fuerteventura, donde era comprada por mercaderes y personas principales. Las escrituras notariales dan prueba de este hecho, siendo el propio señor de la isla don Andrés Lorenzo Arias y Saavedra, uno de los importadores de esclavos, que luego vende a los vecinos.

También de Gran Canaria llegan cautivos a Fuerteventura, bien directamente o a través de terceras personas. El mercader Julián Arnao envió en 1643 una esclava negra al capitán Francisco Morales Mateo, sargento mayor de la isla, para que se la vendiera, y en 1694 se vende un negro que había sido propiedad del capitán Domingo Lasso de la Vega, vecino de Gran Canaria.

Los libros matrimoniales, exhumados y trabajados por Martínez Encinas[160], también incluyen referencias a matrimonios de cautivos, pero las cifras son más reducidas que las presentadas por

---

160 *Ibid.*

nosotros[161]. Entre 1602 y 1696 se celebraron en la parroquial de la Concepción trece matrimonios en los que al menos uno de los cónyuges era esclavo.

En cuanto a las principales labores que desempeñaban, teniendo en cuenta que en la isla el esclavo era utilizado en haciendas, estancias y casas de los personajes principales, para labrar la tierra y cuidar el ganado, junto con aquellos que vivían en la Villa asistiendo a sus señores en labores domésticas, lo que sacamos en consecuencia es que la posesión de esclavos no estaba al alcance de todos, máxime en una isla con problemas frumentarios de trágicas consecuencias, que abocaban a sus naturales al hambre, pues los años estériles de la segunda mitad del siglo impiden a los vecinos disponer del suficiente numerario para comprar esclavos, de ahí que algunos cautivos llevados a Fuerteventura para vender se desvíen a otros mercados más prometedores. En efecto, en los años críticos de 1650, 1651 y 1652 solo se realiza una operación de venta, lo mismo que en 1674 y 1675, mientras que, a partir de esos años, la situación mejora y los cautivos vuelven a hacer acto de presencia en la isla, obteniendo buena cotización, aunque sus mercadeos se van extinguiendo a lo largo del siglo XVIII, en que su presencia se convierte en testimonial. También en años de penuria hallamos algunas transacciones de cautivos, en este caso para con su valor poder seguir subsistiendo, con lo cual el esclavo se convertía en un bien valioso que podía sacar a sus propietarios de apuros, en años críticos.

Del total de esclavos que comparecen en el mercado son los negros los más numerosos, seguidos de los mulatos y blancos. La pre-

---

161 Lobo Cabrera, M.: "La esclavitud en Fuerteventura en los siglos XVI y XVII", *V Jornadas de Estudio sobre Fuerteventura y Lanzarote*, Puerto del Rosario, 1991, pp. 13-40.

dilección por el negro no es nueva, pues su mayor fortaleza física, su mejor naturaleza y su carácter hacen que sean más demandados, aunque también esta mayor presencia se debe a que son los que representan la mayor proporción en todos los mercados de la época.

En Fuerteventura el esclavo negro acapara la atención de sus moradores a lo largo de los siglos XVII y XVIII, de tal modo que no había casona que se preciara que no contara con algunos servidores domésticos en su seno, incluidos los coroneles.

7.4. Otras marginalidades

Hablar de marginados en cualquier lugar es comentar la situación de aquellas personas, hombres y mujeres, que por distintas circunstancias de su vida quedaron al margen de la crónica oficial, que apenas se ocupó de ellos, y lucharon como pudieron por sobrevivir en el contexto de la sociedad en que les tocó vivir. Si hubo marginados fue porque la distribución de recursos incidió en que la sociedad se polarizara entre privilegiados y sacrificados sociales, a los cuales se expuso a multitud de privaciones, riesgos y vulnerabilidades.

Las definiciones varían a la hora de clasificarlos, aunque es común denominar marginación a aquella situación social de desventaja económica, profesional, estatutaria o política producida por la dificultad que una persona o grupo tiene para integrarse socialmente. Esto conllevaba que aquellas personas denominadas marginales estuvieran separadas efectivamente de la comunidad por muy diversos motivos.

Entre los olvidados de la historia en general, y de la de Canarias en particular, los hubo que llevaron en sus vidas el estigma de unas determinadas señas de identidad, a la vez que otros fueron víctimas de la selección socioeconómica de las especies.

Este sector de la población forma una compleja y abigarrada amalgama donde conviven individuos de las más diversas categorías y condición social, aunque en grados diferentes[162]. Hubo distintos tipos de marginales, unos informales y otros más organizados, los cuales no se pueden reducir ni a una determinada época histórica, aunque nosotros nos centremos en el periodo que va del siglo XVI al XVIII, ni a ciertas zonas geográficas, puesto que están ligados casi al comienzo de la humanidad.

Al tratarse Fuerteventura de una de las islas menos pobladas del archipiélago, en la Edad Moderna su número no es tan abultado como el que hemos hallado en otros estudios relativos a la isla de Gran Canaria y a la ciudad de Las Palmas.

Dentro de este grupo, y en función de su condición al nacer, los ilegítimos ocupan su puesto en Fuerteventura al igual que en otros tantos lugares de Canarias. Comienzan a existir en la isla y en sus lugares desde que la población europea comienza a asentarse, allá por el siglo XV, fruto de las relaciones extraconyugales de los primeros pobladores y de los que les suceden, pues solo hay que mirar para la familia señorial para comprobar que muchos de sus vástagos son hijos habidos fuera del matrimonio, alguno de los cuales llegaron a ser titulares del señorío.

A medida que avanza el tiempo y la población se va consolidando, la presencia de estos seres privados de uno de sus progenitores, por lo común y general el padre, es fruto de las transgresiones propias de la sociedad de la época, tales como uniones puntuales,

---

162 Vincent, B.: *Minorías y marginados en la España del siglo XVI*, Granada, 1987.

adulterios y concubinato, que se da por igual tanto en las zonas urbanas como en el campo.

En Fuerteventura, aunque tales transgresiones se dieron antes, es a partir de fines del siglo XVI, gracias a los libros sacramentales, cuando podemos tener constancia de ellas. No obstante, los datos obtenidos no representan toda la ilegitimidad presente en la isla, puesto que el tipo de fuente solo nos sirve como indicador de aquellas relaciones de las cuales hubo fruto y vivo para ser bautizado, pero desconocemos aquellas que tenían en las prácticas anticonceptivas un medio para evitar un embarazo no deseado, y en los abortos una medida para eliminar a un fruto deshonroso y vergonzoso; a ello debemos unir aquellos partos en los que la criatura no llegaba a nacer por causas naturales. También debemos tener en cuenta que no todos los niños ilegítimos bautizados en las parroquias de la isla fueron concebidos en su jurisdicción, sino que muchos procedían de otros lugares y por vergüenza los traían a recibir el agua del bautismo a Betancuria o, a partir del siglo XVIII, a La Oliva y Pájara, tanto de la propia isla como de otras del archipiélago; así hallamos mujeres de Tenerife, de Lanzarote, de La Palma, de Gran Canaria, de La Antigua, de Tetir, de El Time, de Tefía, de Casillas del Ángel, de Valle de Santa Inés, aunque señalan que son vecinas o de lugares próximos como Las Pilas, Lajares, Tindaya o Villaverde. De todos modos, ocultar la maternidad en Fuerteventura resultaba difícil, toda vez que todos se conocían y se espiaban en aquellos acontecimientos que significaban novedad y que venían a romper la monotonía local. La presencia de los ilegítimos en la isla está presente, incluso, en los cantos populares; así reza uno que dice:

La culpa de los mayores
la pagan los inocentes
en La Oliva nace un niño
con dos cuernos en la frente.

Otros estudios han comprobado que La Oliva es la parroquia que más hijos ilegítimos arroja dentro de Fuerteventura[163], dato que puede deberse a dos factores; por un lado, la cercanía de Lanzarote, desde donde muchas mujeres se acercan a Fuerteventura para parir y bautizar a sus hijos, huyendo así de la vergüenza, y por otro, a que La Oliva recibe mucha población foránea, de las otras islas, en las épocas de recolección de los cereales, entre ella muchas mujeres.

En las partidas de bautizo los curas van registrando una serie de datos de interés, como las características de los progenitores de las criaturas que son llevadas a la pila, tales como el nombre de la madre, su vecindad, su estado civil e, incluso, a veces, el apodo, y en ocasiones se le da un trato despectivo al nombrarlas, como a una vecina de Tetir, natural de Gran Canaria, a la cual el cura anota como María de Tal. En la mayor parte de las veces se oculta el nombre del padre, aunque hay alguna excepción, y se manifiesta el de la madre.

Las mujeres que figuran como madres de estas criaturas son en su mayoría solteras, aunque a algunas los curas le dan connotación de mujer libre o mujer suelta, si bien hemos encontrado también algún caso aislado de mujer casada y de viudas que mantienen relaciones con hombres de su misma condición o superior. También se incluyen entre ellas antiguas esclavas, ahora libertas, pues el párroco de turno tiene sumo cuidado en anotarlo, con lo cual obser-

---

163 Martínez Encinas, V.: *La endogamia…*, p. 459.

vamos que muchas exesclavas continúan manteniendo relaciones ilícitas y alumbrando hijos ilegítimos; así, cuando en 1762 se registra a Bárbara Antonia como hija de Nicolasa María, natural de La Palma y vecina de La Oliva, el cura anota que es libre, de color moreno; o cuando se apunta a María de la Caridad, como hija de padre desconocido y de Juana Bautista, se dice de esta que es mujer libre de color moreno, esclava que había sido de doña Juana Pérez de Cardona, vecina de La Oliva.

Estas mujeres con hijos nacidos como fruto de sus relaciones ilícitas son en su mayoría personal dedicado al servicio doméstico, algunas de las cuales viven en casa de personajes destacados dentro de la sociedad. Mantienen relaciones con hombres casados, viviendo algunas amancebadas con sus señores o con hombres de su misma condición. Otras trabajan en el campo segando las mieses, lugar apropiado para este tipo de contactos.

La situación de estos niños podía cambiar si sus padres así lo acordaban, pasando a ser considerados como legítimos; así, el cinco de julio de 1777 fue bautizado un niño con el nombre de Agustín del Santísimo Sacramento, hijo de Laura Hormiga, natural de Tostón, de donde era vecina, y de padre no conocido; sin embargo, posteriormente el párroco anotó al margen de la partida: "Legitimose esta prole por el siguiente matrimonio que se efectuó en dos de noviembre…[164]".

Junto a los ilegítimos tenemos a los expósitos, niños que desde su nacimiento estaban casi condenados a morir. Así dice Domínguez Ortiz, que, de todas las capas marginadas de la población (pícaros, mendigos, gitanos, esclavos, discapacitados físicos y mentales, marginados por motivos sexuales o religiosos, y otras muchas ca-

---

164 Archivo Parroquial de La Oliva, Libro III de bautizos, f. 220 r.

tegorías que están siendo objeto de atención por parte de los historiadores), ninguna ofrece perfiles de tanta desdicha como la de los niños expósitos, a los que la sociedad marginaba no por delitos propios, sino porque arrastraban consigo "una culpa original irredimible". A estos se les marginó al recaer sobre ellos la culpa de sus padres[165].

La vida de estos niños abandonados era tan frágil como sus defensas, pues ya fuese por el honor o la miseria el riesgo de morir era muy elevado[166]. Entre ellos existían diferencias sustanciales, pues no era lo mismo ser expósito en un pueblo que en una ciudad. Aquellos que eran abandonados en las zonas rurales tenían aún más dificultades para sobrevivir, pues una vez localizados y recogidos y luego bautizados, había que buscar quien se hiciera cargo de ellos, pues en Fuerteventura solo se crea una casa de expósitos en el siglo XIX, gracias a la voluntad testamentaria de doña Ana de Cabrera, a instancias del escribano y sindico personero don José Antonio de la Nuez[167].

En Fuerteventura, como en toda Canarias, tuvo que haber niños abandonados desde el principio, pero, al no existir allí casa cuna, solo tenemos conocimientos de ellos a través de las partidas de bautismo. En las parroquias de la isla figuran dichos niños desde que tenemos partidas sacramentales. Se los bautiza como hijos de padres no conocidos, aunque en alguna ocasión se dice taxativa-

---

165 Domínguez Ortiz, A.: "Prólogo" a Vallecillo Capilla, M.: *Política demográfica y realidad social en la España de la Ilustración. La situación del niño expósito en Granada (1753-1814)*, Granada, 1990, p. 7.

166 Peña Díaz, M.: "Los pícaros", en *Los olvidados de la historia. Marginales*, Barcelona, 2004, p. 68.

167 Cerdeña Ruiz, R.: *Acuerdos del Cabildo de Fuerteventura (1799-1834)*, T. III, Puerto del Rosario, 2008, p. 69.

mente que son expósitos, o que han sido hallados en algún lugar de la isla, pues cualquier sitio era bueno cuando sus progenitores habían decidido hacer la exposición.

El análisis de las preferencias por uno u otro lugar para dejar abandonada a una criatura permite penetrar en la mentalidad social que subyace en el fenómeno. Las iglesias y ermitas de la isla fueron el lugar habitual donde se producía el abandono, lo que demuestra la preferencia por parte de la población del área religiosa, quizá porque sus progenitores pensaban que la Iglesia los acogería y cuidaría con más celo. Así encontramos niños que son abandonados en las puertas de las iglesias, en la puerta de la sacristía, debajo de algún altar, en la torre, e incluso en la ventana de la casa del cura. Algún ejemplo sirve para ilustrarlo: en 1728 una niña a la que se llamó Candelaria fue hallada a la puerta de la iglesia de la Candelaria de La Oliva:

> … pendiendo del cerrojo de la puerta traviessa desta iglesia, sin papel alguno, dentro de un zurrón de pelo cabrío sujeto con unas tomisas nuevas…[168].

Las torres de las iglesias, lugar de más fácil acceso para el abandono, recibió entre sus paredes alguna criatura abandonada, tal como aconteció en 1796. En marzo de dicho año, en efecto, fue encontrada en estas circunstancias una niña, al parecer de cinco días de nacida, a la cual se le puso por nombre María Candelaria[169]. Cuando los padres no se atrevían a acercarse a la iglesia a realizar el abandono por miedo a ser vistos, procuraban dejar a la criatura en las proximidades de la casa del cura de turno; así, en abril de

---

168 Archivo Parroquial de La Oliva, Libro I de bautizos, f. 118 r.
169 *Ibid.*, Libro IV de bautizos, f. 358 r.

1773 el teniente de cura de la ayuda de parroquia de La Oliva, don Jerónimo Negrín Viña, anotaba que

> … aviendo allado a mi ventana a las diez de la noche de dicho día poco más o menos a un niño que al parecer acababa de nacer lo baptisé absolutamente por no traer ni aún mantillas…[170].

En otras ocasiones son lugares civiles los que se eligen para el abandono, tales como casas particulares o descampados; en estos casos los abandonos se producen en distintos lugares. Muchas casas de vecinos con cierta solvencia económica son escenario de los abandonos, como posiblemente la de aquellos que se suponía que podían ser sus padres, en la idea de que, quienes encuentren a estas criaturas en la puerta, los lleven a la mayor brevedad posible a bautizar, comprometiéndose, quizás, alguno incluso a criarlo como hijo suyo. Algunos ejemplos son clarificadores; así, en octubre de 1632 se bautizaba una niña, María, hija de padres no conocidos,

> la qual fue hallada en la casa de Diego Borxes, vezino de Tindaya, en una ventana de dicha casa, envuelta en un cuerito cabrío, más pulido, sin oxetas, cobijada con un bocado de baetilla morada y una mantillita de lana de la tierra listada de blanco y azul y sujeta con unos cordones de lana blanca, traxo papel de haverle echado agua, que se le echó sub conditione…

En 1744 nos encontramos con el abandono de dos niñas, una en El Time y otra en La Matilla. La primera fue dejada a la puerta de Francisca García, la cual declara que la pusieron "en su casa el

---

170 *Ibid.*, Libro III de bautizos, f. 88 r.

día once del corriente por la noche"[171], y la otra, María del Socorro, apareció "el día diez del corriente en la puerta de la casa de doña María Viña, vezina del lugar de La Matilla"[172]. La Matilla fue escenario de otro abandono en 1761 y el lugar elegido fue la casa del vecino Antonio Viña, quién llevó el niño a bautizar[173].

Vallebrón también fue escenario del encuentro de una criatura en 1763, en la casa de Juan Marrero, lo mismo que en Villaverde y El Tostón, donde apareció un niño de dos días de nacido en la puerta del vecino Nicolás Martín[174].

La mayoría de estos niños engrosan la lista de criaturas expósitas y sin padres, que son acogidas por la iglesia o por algunos particulares, pues rara vez aparecen sus progenitores reclamándolos como suyos, aunque hubo excepciones.

Suponemos que la nocturnidad era colaboradora natural de un acto tan desnaturalizado como el abandono de un recién nacido, pues la clandestinidad y el anonimato tienen en la noche un buen aliado.

El hecho del abandono de niños en Fuerteventura, como en otras zonas del archipiélago, debía de estar motivado por distintas razones: en unos casos, para huir de la vergüenza, al ser niños concebidos de manera ilegítima, fruto de relaciones entre solteras y hombres casados o hombres de la iglesia; en otros, por razones de tipo económico, al no poder sus padres mantenerlos, sobre todo en una isla donde las crisis castigaban con dureza a sus habitantes; y en otras ocasiones, por ser hijos de mujeres solteras naturales de

---

171 Archivo Parroquial de La Oliva, Libro I de bautizos, f. 283 r.
172 *Ibid.*, Libro I de bautizos, f. 289 v.
173 *Ibid.*, Libro II de bautizos, f. 220 v.
174 *Ibid.*, Libro IV de bautizos, f. 102 v.

Palomares, que recibió, en 1556, por parte del señor, una serie de mercedes de tierras en Tuineje y en Río de Palmas, y sobre unas casas viejas, corrales y majadas en Tuineje, cerca de Tetuy.

Esta situación creada *de facto* se ve enturbiaba en la década de los años ochenta del siglo XVI por distintos motivos. Por un lado, y sin que sepamos la razón, a comienzos de la década, en 1581, don Hernando de Saavedra, como primogénito de su padre, ostentaba la capitanía general, pero fue suspendido de tal oficio, quizá por alguna denuncia de los de Lanzarote, por un decreto de la Real Audiencia; por lo cual su madre, doña María de Moxica, aceptando la orden del tribunal que la conminaba a que en su calidad de señora nombrara capitán general en cierto plazo, nombró —acatando dicha orden— a Juan Hernández Negrín, porque conocía la habilidad y valor personal de este caballero, que entonces ejercía de alcalde mayor de Fuerteventura. Y como tal capitán general le nombró, para que pusiera cuidado y guarda, "...y como tal haga las listas y alardes de la isla y de los vecinos y habitantes, así como de las personas de a caballo, y reparta velas y atalayas que fuesen necesarias para la guarda de la isla y lugares ordinarios"[176] .

Por el otro lado, se produce también un cambio cuando, mediante una real cédula, se reorganiza la milicia. El Consejo de Guerra, mal informado, desconocedor de la realidad de las islas y confundido por el título de conde de don Agustín de Herrera, nombró sargento mayor para Fuerteventura al alférez Jerónimo de Aguilera, subordinado a las órdenes del conde de Lanzarote, con

---

176 Archivo Histórico Provincial de Las Palmas, Bernardino de Rosales, n.º 886, f. 191 r. A la vez, en el mismo nombramiento manda a todos los vecinos y habitantes, así de a caballo como de a pie, de cualquier calidad que sean, que lo tengan por tal capitán general y lo obedezcan.

título de capitán general, poniendo en una situación delicada a los Saavedra, que, como titulares del señorío de Fuerteventura, habían ostentado hasta entonces el rango de capitanes generales, pues así se intituló primero Gonzalo de Saavedra y luego, tras su fallecimiento en 1576, sus hijos. La situación se complicó cuando los hermanos Saavedra, una vez presentado Aguilera en Betancuria, se negaron a cumplir la orden y a subordinarse a él, adoptando una aptitud similar a la de don Agustín de Herrera, haciendo caso omiso del nombramiento e instruyendo a su gente a la vista de los nuevos mandatarios.

Un testigo presencial, el capitán Pedro de Medina, declarará años más tarde lo ocurrido en esta manera, que cuando por parte de la Corona se envió a Jerónimo de Aguilera, como sargento mayor, para que usase como tal su oficio y guardase la orden del marqués, para lo cual publicó un bando para que los vecinos de la isla se juntasen con sus armas en la villa para hacer alarde general, y habiendo señalado día y puesto en su posada una bandera en nombre del rey:

> y el mismo día pusieron en una ventana de su casa don Fernando y don Gonçalo de Saavedra un pendón y apellidaron a los vecinos desta isla que no acudiesen a la bandera del dicho marqués sino a su pendón de lo qual resultó grande escándalo en esta dicha isla...[177].

Además de esto, pasaron a la ofensiva, primero acudiendo en recurso de amparo ante la Real Audiencia de Canarias, y luego reclamando ante el Consejo de Guerra, donde alegaban que habían sido lesionados en sus derechos jurisdiccionales, pues aseguraban que

---

177 Archivo Museo Canario, fondo Massieu y Matos.

siendo ellos dueños de las dichas islas y principalmente de la de Fuerteventura, en la qual ponen todas las justicias y an hecho ellos y sus antepasados el oficio de capitán general…[178].

Mientras, se opusieron a la presencia de Aguilera en Fuerteventura, pues el 3 de noviembre de 1591 el capitán Sánchez Jerez de Breca dio poder a Juan de Valenzuela, procurador en la Audiencia, para que en su nombre se presentara ante los jueces y oidores en razón de la enemistad que le tenía el señor Gonzalo de Saavedra, en la causa de él, sus hijos, esclavos, criados y otros allegados que se habían ofrecido y especialmente el capitán Jerónimo Aguilera[179].

Si esto fue en los primeros momentos, luego Aguilera supo salir airoso de su cometido calmando los ánimos y salvando a base de sangre fría la difícil situación, hasta el punto de que acabará casando en Fuerteventura con una parienta del señor de la isla, Justa Enríquez de Cabrera[180].

En 1598, don Gonzalo de Saavedra dice que, por cuanto había fallecido el sargento mayor Aguilera, por cuya muerte el oficio quedaba vaco, y porque el mismo era necesario para hacer el repartimiento de guardas y velas en los puertos, nombra como tal a Pedro de Medina Umpiérrez[181].

Así estaba la situación cuando se produce un nuevo acontecimiento. En 1589 Felipe II, ante la situación de peligro que corrían

---

178 Archivo General de Simancas, Guerra Antigua, 235, doc. 43.
179 Lobo Cabrera, M.: *Los antiguos protocolos…*, doc. 90.
180 Rumeu de Armas, A.: *Piraterías y ataques navales…*, T. II, 2ª parte, p. 603.
181 Archivo Museo Canario, fondo Massieu y Matos. En el mismo nombramiento ordenan a la justicia y regimiento de la isla, capitanes, alféreces y oficiales de guerra, así como a todos los vecinos y estantes, que lo tengan como a tal y lo obedezcan.

las islas, introduce cambios en la estructura política del archipiélago, al nombrar capitán general y presidente de la Audiencia a don Luis de la Cueva y Benavides, quién tomó posesión el 19 de julio del citado año[182]. Posesionado de su cargo, pensó en don Agustín de Herrera para que ostentase la capitanía general de Fuerteventura, pero al estar ausente escogió para tal cargo a su amigo y yerno del conde don Gonzalo Argote de Molina, enemigo acérrimo de los Saavedra. Envalentonado con el nombramiento, llegó a Fuerteventura con su séquito, tomó posesión en Betancuria y obligó a los oficiales y soldados a prestarle fidelidad. Pero Gonzalo de Saavedra no se quedó quieto, como era de esperar, sino que movilizó a su gente y a través del alcalde mayor Miguel Hernández Negrín obligó a Argote a abandonar la isla, al grito por parte de los majoreros de "Biva don Gonçalo de Saavedra"[183].

Los hermanos Saavedra denunciaron ante el Consejo de Guerra, a través de don Fernando, que se hallaba en la corte, la injerencia del Argote, al cual acusan como "declarado enemigo capital de sus partes, haciéndoles todo mal y daño que podía...", que había entrado en Fuerteventura para mandar en ella, habiendo tenido como medio que se le nombrara general, y so color de la administración de la guerra había hecho juntar a los vecinos para que le besasen la mano como a señor de ella[184].

Los acontecimientos ocurridos en Fuerteventura tuvieron las consecuencias esperadas, de tal manera que el capitán general mandó un comisionado para que realizase una información pública sobre lo acontecido e investigara quiénes habían sido los responsables

---

182 Rumeu de Armas, A.: *Piraterías y ataques navales...*, T. II, 2ª parte, p. 565.
183 Lobo Cabrera, M. y F. Bruquetas de Castro: *Don Gonzalo...*, p. 140.
184 Pellicer de Tovar, J.: *Memorial...*, f. 13 v.

de los alborotos, a resultas de la cual se embargaron los bienes de los hermanos Saavedra y se produjo el apresamiento de más de cien vasallos, que fueron trasladados a Las Palmas y encarcelados[185]. Los Saavedra no se arredraron y a través de Gonzalo de Saavedra se incoó una querella ante la Real Audiencia de Canarias contra Argote de Molina, por haber querido tomar para sí la jurisdicción de la isla bajo el título de capitán general, que a ellos les correspondía como titulares del señorío[186].

A la vez, don Fernando Arias hacía lo propio, y llegó ante las altas instancias del gobierno de Felipe II apoyándose en sus parientes los Lerma y Denia. El Consejo Real recibió su querella y sus quejas, y emitió la primera provisión en marzo de 1590, en la que se hacía eco de lo que había sucedido y de las intromisiones del conde de Lanzarote y de Argote, por lo cual pedía informes a las autoridades de las islas. A pesar de esto, un mes más tarde, el 11 de abril del mismo año, el Consejo Real intentó resolver el conflicto sobre la jurisdicción militar en Fuerteventura, de tal manera que dispuso que, mientras el pleito se terminaba, los hermanos Fernando y Gonzalo de Saavedra fueran amparados en la posesión que venían disfrutando, incluyendo "exercer todos los actos y cosas tocantes a la guerra y disciplina militar", pero con una coletilla que no contentó para nada a los Saavedra, que era que, mientras el marqués de Lanzarote residiese en Fuerteventura, el gobierno de las armas recaería en él[187].

No contentos con dicha resolución, Gonzalo de Saavedra se dirige directamente al rey para pedir justicia, y dicha demanda se

---

185 Rumeu de Armas. A.: "El Señorío de Fuerteventura…", p. 112.
186 Archivo de Simancas, Guerra Antigua, leg. 303, doc. 171.
187 Pellicer de Tovar, J.: *Memorial…*, f. 13 v.

tradujo en una real cédula fechada en Villamanta a 18 de junio de 1591, que satisfacía su petición. Su destinario es el capitán general don Luis de la Cueva, a quien se hace relación de cómo Juan García de Solís, en nombre de Gonzalo de Saavedra, se había quejado de lo acontecido, a la vez que le comunicaba que en la isla de La Gomera se había dado cierta orden para que las cosas de la guerra dependieran de su señor, por lo cual pedía tal tratamiento; de ahí que el rey ordenara al capitán general que las cosas de la guerra en las islas de Fuerteventura y Lanzarote estuviera a cargo de los dueños propietarios de ellas[188]. Dicha cédula acababa con las incertidumbres y abría el camino para que las cosas se mantuvieran igual que antes, sin las injerencias del capitán general y de los Herrera, y con ello se produjo el triunfo incontestable de los Saavedra, por el que habían peleado en todos los órdenes sin desmayo, con el apoyo indiscutible de doña María de la O Moxica.

La contienda entre las partes culminó con un último auto de 10 de noviembre de 1592, en grado de revista, en el que el Consejo Real revocaba el acuerdo dado en 11 de abril de 1590 sobre la jurisdicción militar compartida y exigía que tanto don Fernando como don Gonzalo de Saavedra fueran amparados en la posesión de todos los actos y cosas tocantes a la guerra y disciplina militar en la isla de Fuerteventura y, asimismo, mandaba que, hallándose el marqués de Lanzarote en Fuerteventura,

> … los dichos don Fernando Arias de Saavedra y Gonzalo de Saavedra, o qualquier de ellos que en ella estuviere, hagan y exerçan en el dicho interín todos los suso dicho privativamente, sin que dicho marqués se entremeta en ello…[189].

---

188 *Ibid.*
189 *Ibid.*, fs. 13 r. y 13 v.

8.2. Segundo período

El siglo XVII incorpora novedades con la existencia en la isla de tercios de milicias con los cargos de maestre de campo, como fueron Blas Martin de Armas Monroy y Luis de León Sanabria[190]. En el nombramiento de estos y de otros cargos militares hay mayor concreción, manteniendo el señor el cargo de capitán a guerra, siempre y cuando estuviere residiendo en la isla, y siendo su segundo el sargento mayor, que se convertía en la máxima autoridad cuando el señor estuviese ausente.

Milicianos canarios. Copia de un grabado de Lemaitre.

Los capitanes de milicias quedaron fuera de la jurisdicción del señor y eran nombrados directamente por el rey, mediante real cé-

---

190 Rumeu de Armas, A.: *Piraterías y ataques navales…*, T. II, 2ª parte, p. 565.

dula, especialmente a partir de que se vuelve a implantar en las islas en 1629 la figura del capitán general. Por Real cédula de 1647, su designación queda fuera de la esfera señorial, sin que los señores pudieran hacer otra cosa que proponer una terna al Consejo de Guerra, al que correspondía el nombramiento, que luego era confirmado por el rey[191].

En el año de 1651 se reciben en Fuerteventura los primeros nombramientos de capitanes por el nuevo sistema, quienes lo presentan ante el señor y toman posesión de la compañía, mandándola por las calles de Betancuria y exhibiendo su bandera. A lo largo de este periodo la isla contaba con una compañía de caballos y cinco de infantería, radicadas en Santa Inés, Pájara, La Oliva, Tetir y Antigua.

Este período se identifica en gran parte con el dominio político de destacadas familias, como los Trujillo-Ruiz y los Sánchez Umpiérrez, que dominarán la situación al entroncar con otros linajes militares.

8.3. Tercer período

El siglo XVIII es el tercer período e inaugura una nueva época en la isla que se inicia en 1708[192] con la creación del coronelato y el gobierno militar de Fuerteventura, fruto de las tempranas reformas administrativas de la nueva dinastía entronizada en España, los Borbones, durante la guerra de Sucesión. A partir de dicha fecha se crea el regimiento de milicias, del que los señores siguen siendo, y así se intitulan, capitanes a guerra, pero su alejamiento de Fuerteventura al establecer su residencia en Tenerife y conver-

---

191 Roldán Verdejo, R. y C. Delgado González: *Acuerdos… (1605-1659)*, p. 29.
192 Millares Cantero, A.: "Los coroneles…".

tirse en unos señores absentistas, hace que su mando sea solo a título honorífico, convirtiéndose el coronel, figura de nueva creación, en el gobernador de las armas, bajo la dependencia del capitán general.

Los ejercicios y maniobras militares comenzaron a ser obligatorios y sistematizados, a la vez que se creaba entre los miembros de las familias acomodadas una clase aforada que comenzaba a alardear de las prerrogativas del empleo.

A partir del primer nombramiento los cargos de coronel se hicieron, como ya dijimos, hereditarios y serían acaparados por las familias Sánchez Dumpiérrez y Cabrera, convirtiéndose a fines del siglo XVIII en la máxima autoridad y potencia económica no solo de Fuerteventura sino de toda Canarias.

En esta época las compañías de milicias de Fuerteventura aumentan a ocho, situadas en Betancuria, la Oliva, Tetir, Pájara, Ampuyenta, Tuineje, Casillas de Morales y La Caldereta[193].

193 Roldán Verdejo, R. y C. Delgado González: *Acuerdos… (1605-1659)*, La Laguna, p. 29.

9. ECONOMÍA

La economía de Fuerteventura está muy condicionada por su propia orografía, en la que predominan campos desérticos, pendientes de la prodigalidad del cielo, lo que hace que tanto la agricultura como la ganadería estén condicionadas por ambos factores, dando lugar a que en dichos siglos se bascule entre la abundancia y la pobreza.

La dedicación exclusivamente agrícola y ganadera de los habitantes de Fuerteventura desde su conquista es la raíz y arranque de sus males económicos. La conquista normanda de Juan de Béthencourt trae a la isla y asienta en ella una población campesina que intenta trasplantar sus técnicas agrícolas desde Normandía a Fuerteventura, a pesar de la gran diferencia entre ambas comarcas. La llegada posterior, con Diego García de Herrera y Pedro Fernández de Saavedra, de colonizadores andaluces, redunda en el criterio agrícola que se le quiere dar a la isla[194].

A esto se añade que ambas actividades, en vez de complementarse, se destruyen, tal como recogen las actas capitulares. Los campos y vegas hay que guardarlos para evitar que los ganados entren en ellos, puesto que las reses no estaban estabuladas, sino libres, razón por la cual la ganadería comienza a perder terreno en favor de la agricultura, y va concentrándose en las costas y montañas, cercanas a fuentes, como aconteció en toda el área del Río de Cabras.

Sin embargo, estos dos sectores, agricultura y ganadería, van a sufrir a través de los siglos continuas crisis económicas, debido a la explotación casi en exclusiva de ambos sectores, a lo que se

---

194 Roldán Verdejo, R.: *El hambre en Fuerteventura 1600-1800*, Santa Cruz de Tenerife, 1968, p. 25.

añade que gran parte de la producción se dirige hacia la exportación, lo que da lugar a una balanza comercial vulnerable que se agrava con la falta de comercio exterior fuera de la isla.

La explotación de algunos artículos, como la orchilla, la cal y posteriormente la barrilla, también hay que considerarla un sector de interés, especialmente por lo atractivo que resultaban estos artículos para el comercio con las otras islas del archipiélago y con Europa.

A estos sectores hay que añadir otro que tuvo mucha importancia en los siglos XV y XVI, relacionado con las cabalgadas que los señores hacían en Berbería, de donde se derivaba la depredación y el comercio, favoreciendo además con la llegada de los esclavos tomados en las razias el poblamiento de Fuerteventura y el desarrollo de las dos actividades anteriores.

9.1. La agricultura

La agricultura, cerealista y de secano, tenía como base la tierra, seca y agria, que es traspasada por el señor, a través de las mercedes, a los pobladores, aunque mantiene un considerable patrimonio con buenas tierras, en algunos casos de riego. La producción obtenida estaba destinada al consumo y al mercado interior preferentemente, aunque también se exportaba a otros lugares, como Portugal, pero sujeta a los impactos medioambientales que suponían la escasez de lluvias y las recurrente plagas, aparte de que después de las crisis quedaba bastante debilitada por el flujo migratorio desde Fuerteventura a otras islas.

El aumento de la demanda de cereal por parte de las islas centrales, especialmente Tenerife, hace que se produzca una expansión de las tierras productivas con continuas rozas, facilitando a su vez cierto desarrollo demográfico auspiciado por la llegada de forasteros de otras islas del archipiélago, e incluso de Azores y Madeira.

Los pobladores, una vez recibida la gracia de la tierra, la primera operación y obligación que debían hacer era proceder a su acondicionamiento para el cultivo, limpiándolas y rozándolas, con el objeto de convertirlas en tierras de pan sembrar; de ahí el nombre de "rosas", algunas de las cuales llevan el calificativo de vieja o nueva en función de su antigüedad. Muchas de estas tierras debían cercarse para evitar que el ganado entrase en ellas. Los terrenos podían estar situados en los llanos, como los de la Concepción; en los valles, el de Río de Palmas y Santa Inés, también conocido como el otro valle; y en las vegas, como las de Tetir y La Matilla. También había algunos situados en zonas de malpaíses, pero estos eran más propios para ganados, algunos vinculados a casas viejas de los mahos y a pozos y abrevaderos. En función de las mercedes y de algunos contratos de compraventa comprobamos que, al margen de su ubicación, tanto en el norte como en el sur de la isla, casi todos los terrenos tenían algún aprovechamiento, que se ampliaba cuando los años eran buenos.

La producción cerealista, trigo, cebada y centeno, está presente tanto en esta isla como en la de Lanzarote desde los comienzos de la ocupación del territorio, tanto por los normandos como por los andaluces y castellanos. Así, desde el comienzo de la vida europea en Fuerteventura todos los autores se reafirman en señalar en sus relatos y descripciones que la base económica de la isla era la agricultura complementada por la ganadería, y en ello se empeñan los señores, sabedores de que la base de la población era el cultivo de los panes, que permitía asegurar el abastecimiento y favorecer la exportación de los excedentes.

Cultivos en Fuerteventura en vegas y gavias.

El tío del licenciado Valcárcel, contemporáneo de don Gonzalo de Saavedra, en su descripción de las Islas Canarias, pondera la agricultura cuando nos dice "Ambas islas (Lanzarote y Fuerteventura), tienen mucho pan y ganado, y esto en mucha abundancia; y así, muchas veces se lleva a todas las demás islas y a la de La Madera", para añadir "Es tierra de pan, y así cuando el año le tercia se coge mucho"[195]. Aquí el autor ya hace una llamada a lo que es la situación natural de Fuerteventura a lo largo del tiempo, es decir, que en periodos de bonanza, con años buenos de lluvias, la producción es extraordinaria, mientras que en los de sequía, al ser un cultivo de secano, el hambre y la miseria campean a sus anchas por la isla.

---

195 Marco Dorta, E.: "Descripción de las Islas Canarias…", p. 204.

En términos similares se expresa el factor inglés Thomas Nichols, al hacer la descripción de la isla: dice que Fuerteventura es "medianamente fértil en trigo y cebada, y también en vacas, cabras", para añadir como complemento la extracción de orchilla[196], que se obtenía en la zona norte de la isla y en la dehesa de Jandía, aunque aquí la extracción correspondía, en función de la propiedad de los dozavos, a los señores de Lanzarote y Fuerteventura. Esta realidad está documentada y descrita por diferentes autores a lo largo de los siglos, y los documentos de la época dan fe de ello.

Una vez que las tierras estaban cultivadas, pues en la merced se establecía que debían estar productivas al año de recibirlas, podían transmitirse en propiedad a través de la venta, que debía ser confirmada, a veces, por el señor. En estas ventas se podía traspasar tanto una parte de lo recibido como la propiedad al completo[197].

La mayor parte de las tierras eran cultivadas por sus propietarios, aunque muchas veces, en función de su origen, reconocían estos que su actividad era la de labrador-criador, e indicaban que eran explotadas por sus criados y esclavos. Otras veces eran dadas en arrendamiento, o a través de sistema de contrato a partido.

El cultivo se concentraba en las vegas, tal como se percibe en las actas del cabildo, y posteriormente en gavias; de ahí la ordenanza de don Agustín de Herrera para que las aguas de sobretierra fueran aprovechadas por el común de los vecinos, con el fin de que las heredades lindantes con las barranqueras pudieran aprovecharlas y estancarlas, y por eso en las compras y ventas de tierras que se

---

196 Cioranescu, A.: *Thomas Nichols, mercader de azúcar, hispanista y hereje*, con la edición y transcripción de su *Descripción de las islas Afortunadas*, La Laguna, 1963, p. 122.
197 Lobo Cabrera, M.: "Mercedes de tierra en Fuerteventura".

suceden en el tiempo se especifica que se vendían con las acogidas de aguas a ellas pertenecientes.

Las vegas eran terrenos dedicados casi en exclusiva al cultivo de cereales, que los propietarios y arrendatarios sembraban y cercaban con el objeto de evitar que el ganado se acercase a ellas. Las vegas estaban repartidas por toda la isla, pero destacaban sobre el resto por su fertilidad y continuidad en las siembras las de La Matilla, Tetir, Río de Palmas, Tiscamanita, Agua de Bueyes, y las de los valles de Santa Inés y Betancuria.

La producción mayoritaria y más demandada era el trigo, que tanto se consumía en la isla por las clases acomodadas como era demandado desde el exterior, seguido de la cebada, en sus dos variantes de blanca y romana, y el centeno. La cebada se producía casi siempre en cantidad inferior al trigo, mientras que la producción de centeno era más reducida y apenas se exportaba.

Cultivo de cereales.

La producción estaba en función de los años, en donde todo giraba en torno al agua que recibían las tierras gracias a la lluvia, y cuando esta escaseaba, la sequía y el hambre se hacían presentes, de tal modo que podemos decir que, de cada diez años, cuatro eran malos, tres regulares y tres buenos, como el propio Cabildo reconoce en 1775, en que dice que en los últimos treinta y cinco años diecisiete habían sido totalmente estériles, ocho medianos y diez buenos. Las crisis de producción fueron una constante a lo largo de los siglos, y ya desde el siglo XVI se constata el déficit en la producción, lo que hace que el señor de la isla, don Gonzalo de Saavedra, el joven, decida la creación de un pósito en 1599.

Los siglos no fueron iguales; así, mientras que en el XVI parece que las hambrunas fueron menores, si bien no tenemos datos suficientes para asegurarlo, sino solo noticias indirectas y sueltas, da la sensación -a tenor de las exportaciones- de que las cosechas no fueron muy malas en este período, aunque, como dependían de los tiempos, en algunos años se dice que la cosecha fue floja. En ello incidían no solo las estaciones, sino también las plagas, de las cuales hubo algunas de alhorra y de langosta. Al final de siglo se produjo una sequía pertinaz, de modo que se puede asegurar que el año 1593 fue catastrófico, tanto por el ataque de Xaban Arráez como por la presencia del hambre; el año siguiente fue peor aún, si se quiere, pues aún quedaban muchas tierras por repartir y cultivar, razón por la cual en el siglo XVIII, para compensar las pérdidas, se ponen en cultivo numerosas parcelas de tierras, que se rozan a la vez que se alargan las rayas o lindes de las vegas[198].

Del cereal obtenido en las cosechas, una parte era exportada y otra parte guardada en los pajeros que se distribuían por toda la

---

198 Roldán Verdejo, R. y C. Delgado González: *Acuerdos… (1605-1659)*, p. 35.

isla, en sus aldeas y lugares, para aprovecharla para el sustento y para sembrar en la próxima cosecha. Con ello evitaban que el grano se calentara en exceso y apareciera el gorgojo, de modo que cada propiedad campesina tenía junto a su casa un "cercado de pajeros".

La evolución de la producción fue desigual a lo largo de los siglos, pues las distintas roturaciones hicieron que se ampliaran las áreas de cultivo, pero las crisis que se fueron dando a lo largo de las centurias hicieron que se llegara a la segunda mitad del siglo XVIII con un déficit generado por la baja productividad; así, entre 1776 y 1802 se redujo la producción triguera en un 35 %, mientras que la producción de cebada bajó un 22 %[199].

9.1.1. El hambre

El hecho de que Fuerteventura tuviera una economía eminentemente agraria con una dependencia completa del cereal, tanto para alimentarse como para exportar, hizo que cualquier impacto negativo en la conservación de las cosechas se convirtiera en una verdadera catástrofe para el conjunto de la población, pero especialmente para las capas más débiles y desfavorecidas, que o bien morían en su propia isla o emigraban a otras islas, aunque, tal como ha señalado Roldán Verdejo: "La historia del hambre en esta isla es una historia sin protagonistas de relieve, porque la sufren masas de isleños por igual"[200].

La ausencia de lluvias y la aparición de plagas, en efecto, ocasionaban auténticas desgracias colectivas, que afectaban a la ma-

---

199 Rumeu de Armas, A.: "Una curiosa estadística…" y Hernández Rodríguez, G..: *Estadísticas de las Islas Canarias*….

200 Roldán Verdejo, R.: *El hambre en Fuerteventura*…, p. 5.

yoría de la población, salvándose de ellas las clases acomodadas a quienes el cereal les mantenía en la isla.

Las plagas más comunes que asolaban las cosechas majoreras eran la llamada alhorra, de cuya presencia tenemos constancia desde el siglo XV, y la langosta, mucho más temida, porque arrasaba todo cuanto encontraba a su paso. La primera se propagó por todas las islas, hasta el punto de que en Las Palmas nombraron unos santos patrones para proteger las cosechas de ese mal, que acarreaba un parásito que cubría la espiga y la "ahorraba", es decir, la dejaba sin producir grano.

La langosta fue recurrente en las islas, mucho más en las más orientales por su cercanía al continente africano, que era de donde procedía, y desde donde hacía su aparición en Canarias, según nos relata Viera y Clavijo:

> ... la langosta, plaga conocida en nuestras islas bajo el renombre de cigarra, es el presente más funesto que nos suele hacer la vecina costa de Berbería... Una nube inmensa de langostas que cubría cielo y tierra se echó sobre las islas... amenazando la devastación más universal. En poco tiempo no dejaron aquellos insectos nada verde. Destruyeron las yerbas, huertas, viñas y demás plantas de tal manera, que hicieron presa hasta en las hojas de las palmas, que son tan duras, y en las de la pita, que no hay animal que las coma. Cuando faltó el follaje de los árboles, se apoderaron de las cortezas, por lo que se secarán muchos; y cuando no hallaron que comer, se comieron unas a otras, infestando las aguas, corrompiendo el aire y atemorizando los pueblos...[201].

---

201 Viera y Clavijo, J. de: *Noticias…*, Libro XIII. T. II, pp. 66 y 110.

En Fuerteventura, su presencia era recurrente desde la llegada de los europeos, tal como se descubre de algunas referencias que hablan de su presencia en los años 1581, 1585, 1588, aunque las más feroces fueron las de los siglos XVII y XVIII, hasta tal punto que Álvarez Rixo refiere que:

> Así es que nuestros abuelos que participaban también de tan toscas ideas abandonaban sus campos a la sola merced de Dios y de los santos de su devoción[202].

Los años finales del siglo XVI permitieron una leve recuperación de la crisis sufrida en el año 1593, y es en esos momentos cuando don Gonzalo de Saavedra, el joven, decide en 1599 levantar un pósito para consolidar la agricultura cerealera. La idea del señor es secundada por los vecinos, pues hasta 185 de ellos se suman a la iniciativa, entregando cada uno cierta cantidad para su mantenimiento[203].

El siglo XVII comienza con cierta bonanza, aunque va a ser un siglo catastrófico, en el que a las plagas se une la sequía y, por consiguiente, el hambre. Así, sabemos que entre 1623 y 1626 la cigarra hizo presencia en la isla lo mismo que en 1659. En el siglo XVIII hay también periodos donde las plagas de langosta mermaron las cosechas, la última de ellas en 1790.

Al margen de las plagas, la mayor desgracia que se cernía sobre la isla era cuando el agua, que en ocasiones traía la abundancia,

---

202 Álvarez Rixo, J. A.: "La langosta o *Aeridium migratorum*", manuscrito inédito.
203 Santana Pérez, G.: "El pósito de Fuerteventura en su primera centuria de actuación", *Vegueta: Anuario de la Facultad de Geografía e Historia*, 7, 2003, pp. 103-114: Lobo Cabrera, M..: "Los pósitos de Lanzarote y Fuerteventura. (De la fundación a la extinción)", *XVIII Jornadas de Estudios de Lanzarote y Fuerteventura*, Puerto del Rosario, 2021, pp. 263-294.

escaseaba y los años se volvían estériles. Ello hacia mella en la población, que a veces subsistía sin abandonar su isla, gracias a la ayuda de los señores y especialmente a la externa que le suministraban otras islas e incluso la propia Corona.

El majorero tuvo que soportar a lo largo de su historia estas adversidades y acostumbrarse a sobrevivir con las hambrunas que, de cuando en cuando, como una sombra, se apoderaban de la isla[204]. Referencias indirectas sobre la escasez de pan nos indican que el hambre fue recurrente en la historia de Fuerteventura en sus primeros siglos de andadura, aunque los majoreros solían recordar el año de 1593 como el más catastrófico, hasta el punto de que siglos más tarde seguían haciendo referencia a él.

El pósito creado en 1599 remedió en parte los años críticos, pero en 1627 no fue suficiente para atender al vecindario, pues a la escasez de lluvias se unió una plaga de cigarras, por lo que la población hubo de emigrar a las islas centrales. En Gran Canaria se contaban por cientos los majoreros que deambulaban por sus calles, según se desprende de una acta del cabildo en la que se señala que se habían entregado más de 215 fanegas de la mesa episcopal "a dos mil personas pobres , niños y mujeres y viejos de las yslas de Fuerteventura y Lanzarote…"[205].

En 1639 la sombra del hambre se cierne de nuevo sobre la tierra y sus habitantes, muchos de los cuales en los años anteriores a la fecha habían muerto ya de hambre por no tener que comer. No obstante, será a partir de 1650 y de la segunda mitad del siglo

---

204 Quintana Andrés, P. y F. Ojeda Báez: *Ecos de subsistencia: las crisis de subsistencia en Fuerteventura y Lanzarote (1600-1800)*. Puerto del Rosario. 2000.
205 Archivo cabildo catedral de Canarias, Acta del cabildo de 5 de octubre de 1627, f. 243 r.

cuando mayor penuria se pasa[206] , pues a este le siguen varios años en que las lluvias no llegan y se tiene que acudir al socorro, y a través de la mano del señor territorial don Fernando Arias llegan a la isla cantidades tanto de trigo como de cebada procedentes de Gran Canaria y Lanzarote. Sin embargo, esta ayuda no logra paliar el hambre y en 1652 en el cabildo se da cuenta de que "es tan grande la miseria que ni aún hierbas se hallan en los caminos para sustentarse", ocasionando la muerte de algunos vecinos. Justo en ese año el señor territorial, Fernando Arias y Saavedra, que se encontraba en Las Palmas, solicita al cabildo catedral un préstamo, alegando que "… abía benido a esta dicha isla a buscar trigo para socorro de los vecinos y sembrar en la dicha isla de Fuerteventura…"[207].

Una década más tarde el hambre vuelve a aparecer, perdiéndose la mayor parte de la cosecha que se había plantado, cuatro mil fanegas. Las lluvias vuelven de nuevo en años posteriores y con ello se mitiga la situación de los sembrados, de los cultivos, de los pastos y de los ganados, quedando el hambre relegada al olvido, especialmente por la cosecha que hubo en 1672, en que parte de los majoreros que habían emigrado vuelven a la isla junto con vecinos de las otras islas e incluso de Azores y Madeira, que al calor de la abundancia acuden en los momentos de la trilla.

Pero la riqueza de los campos no es duradera y en años siguientes la esterilidad vuelve a extenderse en aquellos que otrora fueron tan fértiles, de manera que se calcula que en los años centrales de la década de los setenta fueron evacuadas hacia Gran Canarias más de mil personas.

---

206 A este respecto se puede consultar más ampliamente la obra de Roldán Verdejo, R.: *El hambre en Fuerteventura…*
207 Archivo Histórico Provincial de Las Palmas, Bartolomé Miranda Riverol, n.º 1, f. 190 r.

Los años siguientes son de tranquilidad, con algunos sobresaltos que hacen que se cuide al máximo la saca de granos de la isla, poniendo las mayores trabas a su salida, con concesión de muy restringidas licencias, a la vez que se pide ayuda al exterior, al capitán general y al señor, y se evacuan muchas personas hacia Gran Canaria, en grandes cantidades, pues se dice que de 600 familias que había en la isla sólo quedaron 130.

Estos penosos años que se van sucediendo a finales del siglo XVII y comienzos del XVIII hacen que los majoreros vayan sobreviviendo a tropezones, con algunas sequías como la de 1701, que agrava la necesidad hasta 1703, en que los campos se despueblan, y se solventa en parte gracias a la ayuda del cabildo catedral de 500 fanegas de trigo.

La gran hambruna en la primera mitad del siglo se cierne sobre Fuerteventura a partir de los años 1721-1723. El 22 de marzo de 1721, Gran Canaria prohíbe la entrada de gentes procedentes de Fuerteventura pues no tiene medios para acoger y alimentar a tantas personas, ya que estaban asentados en la isla unos 3 000 majoreros. La escasez fue tan grande y la necesidad tan extrema, que en la propia isla se producen tumultos para pedir al cabildo ayuda para su socorro, que al final llega por distintas vías gracias a las gestiones del coronel Pedro Sánchez Dumpiérrez.

La presencia del hambre en la isla se convierte en un tema no solo social sino también político, del tal modo que el comandante general aprovecha la situación para volver a los majoreros contra su señor, creándose así un conflicto entre los representantes del poder real y el señor territorial.

A partir de esta hambruna, con tan nefastas consecuencias en todos los órdenes, incluido el político, el resto del siglo es sobrellevado por la población de Fuerteventura con cierta bonanza, aunque con algunos altibajos que sobresaltan a la población, como ocurrió en los años 1738-1740, 1751 y 1760, en que vuelven a producirse calamidades. En las primeras fechas los vecinos se dirigen al cabildo catedral para solicitar que no se extraiga el cereal perteneciente al diezmo, habida cuenta de la necesidad que había, y en la segunda se producen algunos tumultos entre los vecinos al comprobar que el cereal se estaba exportando, a pesar de la necesidad que había.

En esta segunda mitad del siglo se asiste de nuevo a dos momentos que pueden considerarse graves en cuanto al abastecimiento de los habitantes, que se suceden en la segunda mitad del siglo, 1770 y 1787, aunque el cabildo no va a descuidar su labor de vigilar y extremar la atención sobre la saca de granos gracias a la presencia en los puertos de guardas puestos por el consistorio; de hecho, una de las ocupaciones más importantes del cabildo en este siglo es la de autorizar o denegar la saca de granos.

En 1769 se vuelve a producir otra gran hambruna, que se venía barruntando desde el año anterior, en que la cosecha no había sido la esperada. La situación empeora y los vecinos, ante el recuerdo de la última desgracia, comienzan a emigrar hacia las islas de Gran Canaria y Tenerife, lo que motiva a la vez la convocatoria por parte del concejo de un cabildo abierto con concurrencia de dos vecinos por cada aldea o lugar con el fin de acordar que la Audiencia les hiciera un préstamo para la compra de trigo, que les es concedido. El hambre llega a tal punto que los vecinos recurren a alimentarse del cosco o cofe, una hierba que crecía en los bordes de los caminos y que grana a principios de verano. Sus semillas servían para obtener una especie de gofio, sustituto forzoso del trigo.

Esta crisis hace que la isla vaya despoblándose, tal como se describe en algunas actas del cabildo, donde se expone que los majoreros

> …están experimentado muchas muertes a manos de la necesidad, tanto en su isla como en las demás adonde han pasado, no habiendo barco que no vaya enteramente cargado de hombres, niños y mujeres, que parecen por los caminos y calles difuntos andando, y que se conviertcn cn molestos peregrinos de aquellas islas a donde arriban.

Esta situación, que repercute en el despoblamiento de la isla, motiva que se solicite una ayuda al rey, a través de la Audiencia y del comandante general, que llega con 40 000 pesos que ayudan a que la isla pueda sobreponerse de tan penosa situación.

El comandante general, al tener conocimiento de las reiteradas situaciones calamitosas por las que pasaba la isla, tomó de su mano la reinstauración del pósito y la creación de otros nuevos, pues el existente había desaparecido a consecuencia de los años de mayor calamidad. En concreto, con respecto al de Fuerteventura, se dice que "En esta isla no había más que un pósito que se perdió en los años calamitosos y solo resultó una deuda de 167 fanegas y celemines de trigo"[208].

El decreto y las instrucciones consecuentes para la creación de dichos pósitos se activaron durante el gobierno y mandato del marqués de Tabalosos, que fue el encargado de llevar a cabo el recuento de los que estaban en funcionamiento, aunque con carencias, y a su vez de crear aquellos necesarios para el abastecimiento general de la población, en especial en las islas señoriales, toda vez que los

---

208 Archivo Museo Canario, Colección documentos Antonino Pestana, ES35001, 02080.

que se habían creado a fines del siglo XVI habían desaparecido a consecuencia de las continuas crisis carenciales que azotaron aquellas islas, así como a la negligente gestión de los pósitos, que había dado lugar a la falta de fondos para que pudieran subsistir. El comandante general, además, veía como una oportunidad la creación de las citadas instalaciones, porque la cosecha de granos del año 1776, especialmente en Lanzarote y Fuerteventura, "reputabase por buena", respecto a lo que se había sembrado.

En el caso de Fuerteventura el comandante general, en 1775, debido al interés que tenía en la creación de tales institutos, envía cartas al cabildo[209] con el objeto de que de nuevo se abriera no solo el pósito que había existido en el pasado, sino también los nuevos que pensaba crear. De este modo se crearon cuatro nuevos establecimientos: dos de ellos en las nuevas ayudas de parroquias creadas en 1711, el de La Oliva y el de Pájara, y otros dos en Tetir y Antigua, perdiendo en este caso Betancuria su establecimiento.

A partir de este momento se produce una lenta recuperación, tanto por la existencia de los graneles como por la bondad de los años, que culmina con la escasa cosecha de 1787, que se prolonga al año siguiente, por lo que se solicita al comandante general un préstamo del Arca de Quintos, pero la ayuda no llega, de modo que el hambre aumenta, y solo puede ser paliada gracias al cabildo catedral, que pone a disposición de los vecinos sus granos. No obstante, como en ocasiones anteriores, el desasosiego cunde entre los habitantes ante el temor de que se dieran circunstancias parecidas a las que ya habían sufrido. Afortunadamente, nuevas lluvias en los años siguientes normalizan la situación.

---

209 Roldán Verdejo, R.: *El hambre en Fuerteventura...*, p. 159.

La desesperación por la falta de agua y la aparición del hambre, que, como ya se dijo, se extiende como una sombra sobre la población, hace que a falta de la ayuda humana se busque la divina, como única solución cuando no existe en la isla ni siquiera un real para comprar granos.

Mientras había agua, tanto en fuentes y pozos como en manantiales, y llovía al menos una vez al año, la vida continuaba en la isla al ritmo habitual; sin embargo, cuando escaseaba el agua, la vida languidecía. Viera acusa de la sed y el hambre a los propios habitantes, pues no entendía nuestro ilustre historiador cómo una tierra que era el principal granero de Canarias no remediaba su situación para proveerse en años estériles. Aduce dos cuestiones: la primera, a causa de estar la tierra tan mal poblada, y la segunda, al descuidar los depósitos de granos, para provisionarlos en los años buenos y alimentarse en los años malos[210] . Sin embargo, esto último se intentó a través de uno de sus señores, pero las deudas y el mal estado de la agricultura le hicieron llevar una vida lánguida, aunque es cierta una cosa: solo se fundaron estos silos después de soportar grandes sequías y hambres; el primero se crea después del hambre de 1593, de graves consecuencias para la isla, y los segundos, después de padecer la tan desastrosa hambre de 1770. Las causas señaladas por Viera fueron congénitas a la historia de Fuerteventura, y cuando las lluvias no llegaban y acosaba la sequía, solo quedaba, por un lado, implorar la clemencia divina para que el agua volviese a regar los campos, y por otra, pedir ayuda al exterior.

Las rogativas en Canarias, lo mismo que las procesiones y novenarios, tenían como fin rogar al cielo para evitar cualquier desastre, ante la impotencia de los isleños. Se realizaban igualmente

---

210 Viera y Clavijo, J.: *Noticias* ..., pp. 838-839.

para celebrar buenas nuevas. Así, se tiene noticia de la realización de rogativas por el feliz alumbramiento de una reina, por el éxito de un sitio de guerra, por la salud del rey, por la huida de los piratas[211] y, además, centradas ya en asuntos propios de las islas, por la falta de lluvias, o por la llegada de la peste y la langosta. Las celebraciones y acciones de gracias sobre esto último eran casi continuas en todas las islas, cuanto más en Fuerteventura, castigada continuamente por el hambre y la pertinaz sequía.

La mayoría de las rogativas y procesiones realizadas en Fuerteventura, según se registra en los acuerdos del cabildo, están íntimamente relacionadas con la falta de aguas. Rogativas hubo en el siglo XVI por tal circunstancia, aunque las más certeras, por la propia información que las suministra, se dan a partir del siglo XVII. En 1624 se acude, aunque esto tiene una razón remota, a sacar a San Sebastián en procesión a causa de la falta de agua, cuando en realidad era un santo venerado en Fuerteventura ante epidemias de puntadas, además de cumplir otras devociones, en especial para luchar contra la peste y otros males. Por ello, en años anteriores se había convenido en elegir un patrón de los labradores a quien poder dirigirse cuando el tiempo se ponía en contra de las cosechas, aunque en realidad, si el santo no hacía caso a la plegaria, se llegaba al convencimiento de que había que recurrir a toda la corte del cielo y sacar en procesión a todos los santos habidos y por haber en la isla.

En 1608 se acuerda elegir patrón de los labradores según el sistema de suertes. Del total de los santos del calendario se elegirían doce, de estos doce tres y de tres uno. Esta elección se hacía en acción de gracias por los temporales y aguas enviados para los panes de la

---

211 La Rosa Olivera, L.: *Catalogo del Archivo Municipal de La Laguna*, La Laguna, 1944-1960, pp. 184-186.

isla. El elegido sería el patrón, al cual cada año cabildo y labradores debían hacer fiesta. En la elección salió designado San Andrés, el discípulo de Cristo, crucificado en una cruz en forma de aspa, patrón de Escocia, que, en efecto, fue el patrón de los labradores de Fuerteventura al menos durante el siglo XVII, con un pequeño oratorio en Tetir. A continuación, se ordenó realizar una limosna para traer un bulto. A partir de este momento se recurre a este santo para implorarle la caída del agua sobre la reseca tierra majorera, y así en 1616 se acude a él por dos veces, trayéndolo a la iglesia parroquial, y en 1617 se repite la operación, pregonándose castigo para quien no asistiese a la procesión. San Andrés, en estos primeros años, se gana el fervor popular, en especial después de 1628, año en que, estando a punto de perderse la sementera, se acordó decirle misas y, nada más comenzar a hacerlo, empezó a llover; por esta razón se estimó conveniente levantarle casa en Esquey, entre la vega de Antigua y la de Santa Inés, donde se colocaría la imagen de bulto comprada doce años antes. En 1668 todavía se le tiene fervor a este santo, pero cada vez menos, puesto que se recurre a otras advocaciones en petición de agua.

Imagen de San Andrés. Patrón de los labradores.

La Virgen, intercesora divina ante su Hijo, llamó casi más la atención de los majoreros, en sus distintas advocaciones, para la petición de ayuda en los momentos críticos de sequía. Se imploró, en efecto, a la Virgen del Rosario, en unas ocasiones, a la de la Antigua en otras, a la de la Concepción, a la de Guadalupe, pero en definitiva a la que más se acudió fue a la Virgen de la Peña, en especial después de que se la declara patrona de la isla.

Muchas veces surtía efecto la petición y entonces, como muestra de gratitud y en acción de gracias, se le hacían novenarios.

El hecho de considerar a la Virgen como mediadora estaba patente en los naturales de Fuerteventura, y por ello se recurrió a ella más que a cualquier otro santo, y queda, además, reflejado en un acuerdo de cabildo de 1650, en donde se señala:

> Visto que hasta ahora no ha llovido en la isla y está muy corta de trigo y cebada para el abasto de la gente, y no hay ni pastos para los ganados, que se están muriendo, y a fin de que Dios se apiade a través de las súplicas de la Madre de Dios...[212]

Cuando la sequía aprieta y, pese a hacer rogativas a los santos comentados, no llueve, se suplica a Dios y a todos los santos de la corte celestial, movilizando para ello todas las imágenes existentes en la isla: San Andrés, San Sebastián, San Antonio, Santa Inés, Santa Catalina, la Virgen del Rosario, la de la Antigua, la de la Concepción, la de la Peña y todas las devociones existentes en Fuerteventura.

Fue también costumbre, sobre todo ante la falta insistente de agua, cambiar los santos de su lugar habitual, trasladándolos de una iglesia a otra o de una ermita parroquial, acompañando los

---

212 59. Acuerdos 1, n.º 461.

vecinos a las imágenes en procesión general. Cuando ni siquiera la intercesión divina ponía remedio a la situación, se pedía ayuda a otras islas, se importaba cereal de Lanzarote, Gran Canaria y Tenerife, o emigraban sus pobladores. Al final, con la llegada de las lluvias y de las cosechas, se olvidaban estas penalidades por algunos años[213]. Quizá Viera tenga razón cuando dice:

> No tienen otras rentas ni otro comercio sólido que el de sus granos; por consiguiente ni la perspectiva de un año infeliz ni la memoria de las desolaciones pasadas les detiene para que dejen de vender con ansias y extraer sin economía toda la cosecha...[214].

9.2. Ganadería

La ganadería tuvo siempre una importancia destacada en la economía majorera, pues, desde que hay noticias, en las mismas crónicas de la conquista, de la productividad de la isla, se habla de la existencia de ganado en su territorio. Muchos autores han destacado desde el pasado que la dualidad agricultura-ganadería constituía el pilar básico de la economía majorera durante el Antiguo Régimen. La importancia del ganado en la economía de Fuerteventura está patente en la documentación y en las diversas noticias históricas, donde se observa cómo comienza a menguar a consecuencia de las crisis a finales del siglo XVII.

La significación de la cabaña majorera se registra en la trascendencia que para las autoridades de la isla tuvo la normalización y reglamentación de su actividad, al establecer rígidos controles

---

213 Lobo Cabrera, M.: "Agua y sed en Fuerteventura", *III Jornadas de Estudio sobre Fuerteventura y Lanzarote*, Puerto del Rosario, 1989, pp. 49-62.
214 Viera y Clavijo, J.: *Noticias* ..., T. I, p. 838.

sobre los hatos para que no traspasaran las rayas establecidas entre las áreas de cultivo y las de pasto.

El ganado constituía por sí mismo una fuente de riqueza para los propietarios, pues a la vez que las reses podían venderse tanto vivas como muertas, su producción también ayudaba a sostener la economía de las familias, pues los quesos, lo mismo que otros productos, como leche, cueros, manteca, podían ser fácilmente puestos en circulación tanto en la propia isla de Fuerteventura como en otras islas, donde los quesos gozaban de particular fortuna. De hecho, en las cartas de dote el ganado figura como un elemento prioritario, de tal modo que en casi todas aparece todo tipo de animales, especialmente las cabras, en hatos de sesenta a cien cabezas. Aunque esta cantidad venía a ser la media dentro del grupo de los propietarios medianos, no debemos olvidar que las familias más destacadas llegaron a poseer hatos superiores a las mil cabezas, como el beneficiado de la parroquia de Santa María de Betancuria, Sebastián Trujillo de Umpiérrez, que enumeraba entre sus bienes en su testamento, otorgado en la Villa en 1748, dos mil doscientas cabezas de ganado, más cuatro caballos, de los cuales uno era para su servicio particular[215].

El número de reses presentes en la isla durante el Antiguo Régimen varió en función de los siglos y de las continuas crisis que se fueron produciendo, y casi siempre se procuraba que hubiese un equilibrio entre cabezas de ganado y pastos, aunque hubo ocasiones en que ese equilibrio se desestabilizó, tal como se recoge en la información de los acuerdos de cabildo.

La cabaña ganadera fue importante en este período, pues casi todos los vecinos, en mayor o menor medida, poseían algunas

---

215 Archivo Histórico Provincial de Las Palmas, Protocolos Notariales, leg. 3 020. Fecha: 23-1-1748.

reses, entre ellos el mismo señor de la isla. Así, hay constancia de que don Gonzalo de Saavedra poseía ochocientas cabras en la dehesa de Guriame y doscientas en Ayaya, y quinientas ovejas en la dehesa de Jandía, que incorpora al mayorazgo que otorga a favor de su sobrina doña María de Moxica. El señor permitía, en ocasiones, entrar en la dehesa a los vecinos, una vez recogida la cosecha y recolectada la orchilla, de tal modo que en ella se refugiaban los ganados cuando había escasez de pastos, siempre y cuando estuvieran marcados, para diferenciar unos hatos de otros.

Para que nos hagamos una idea de la dimensión de la cabaña ganadera de Fuerteventura, debemos reconocer que solo en Jandía se criaban unas veinte mil cabezas de ganado caprino y ovino, que pertenecían al marquesado de Lanzarote. Viera y Clavijo pondera esta abundancia cuando nos dice que Fuerteventura

> … fue desde la conquista tan favorable para la cría de todo género de cuadrúpedos, que multiplicándose prodigiosamente, vino a hacerse una de las riquezas más considerables de su tráfico…[216].

A la vez, es la pluma de Abreu y Galindo, o quien se esconde tras ella, quien nos relata el aumento y la abundancia de burros en la isla, de tal suerte que en 1591, cuando visita la isla el Capitán General de Canarias don Luis de la Cueva y Benavides, en compañía del obispo don Fernando Suárez de Figueroa y de su amigo Gonzalo Argote de Molina, se encontraron con el espectáculo practicado por los señores de una cacería de burros, por haberse multiplicado en la isla esta especie hasta el punto de constituir un peligro para la población y para la agricultura, de tal suerte que se

---

216 Viera y Clavijo, J.: *Noticias…*, T. I, p. 813.

cazaron mil quinientas piezas[217]. De la misma manera los camellos, traídos de Berbería por los señores, se propagaron rápidamente, hasta el punto de que cada año el cabildo ordenaba las apañadas. Estos animales, junto con los caballos, constituyeron la base del transporte y del trabajo, amén de aquellos caballos que se utilizaban para las armadas a Berbería.

No obstante, mayor importancia tuvo en esta época y en las siguientes el ganado caprino y ovino, que debía recorrer grandes extensiones de terreno en busca de pastos y abrevaderos. La importancia de este factor queda de manifiesto en una merced concedida a un vecino de importancia, tío político del señor de la isla, Francisco de Morales:

> … para que todos los ganados e alimañas que oy día teneys e tuvieredes de aquí adelante los podays traer e pastorear por todas las partes e abrevaderos e ervajes desta isla ansí trayéndolos a mano como andando largos e sueltos e que puedan veber en todas las aguas que quisieren…

En otra merced otorgada en 1549 se da licencia para que el ganado de un vecino pueda estar "… en fuente que dicen de Río de Cabras desta mi isla, pueda beber en toda ella de arriba abaxo con sus obexas y demás ganados mayores y menores…". Y en otra concedida en 1560 a Francisco de Morales Mateos se le cede la montaña de Yntamanaire para que pueda tener sus ganados y alimañas, en invierno y verano, más sus valles y laderas y el valle de Goroy hasta la mar, para que pueda llevar y apacentar su ganado en cantidad. En la misma data se prohíbe que ningún morisco, cautivo o

---

217 Abreu Galindo, J.: *Historia de la conquista de las siete Islas Canarias*, Santa Cruz de Tenerife, 1977, pp. 60 y 141.

libre, pueda estar ni llegar a la fuente de Amantin ni sacar agua de ella, porque se les acusaba de que con achaque de ir a beber a la fuente robaban y destruían los ganados[218].

Ganado caprino en Fuerteventura.

Otras veces se hace alusión a una costumbre existente en Fuerteventura desde tiempo inmemorial, por la cual se organizaba el sistema de guarda y pastoreo. Era este ganado el que ocasionaba, junto con los camellos, los principales problemas entre labradores y criadores.

El ganado, en líneas generales, solía ser guardado y pastoreado por sus propietarios, aunque también era común entre los señores contratar los servicios de un pastor, en general de origen berberisco, aunque también esta población, ya libre, se dedicaba por su cuenta a tal actividad, a pesar de que en ocasiones creaba conflictos con los vecinos; así, en 1580 se ventiló ante la Audiencia un pleito que planteó la vecina Bernardina de Cabrera y sus hijos con los moriscos que vivían en una aldea, sobre que no pudiesen llevar a pastar a su cercanía el ganado[219].

---

218 Archivo Museo Canario, fondo Massieu y Matos.
219 Rodríguez Segura, J. A.: *La Real Audiencia...*, llamada 539. En la sentencia se dio por libres a los moriscos.

En general, con el fin de aprovechar el mayor número de tierras de cultivo, la ganadería fue trashumante, pues el ganado menor, y en especial las cabras, se solía llevar a pastorear a la costa o las montañas, y una vez recogidas las cosechas se les permitía acercarse a las tierras de labor.

Para algunos casos de guarda de ganado se realizaban conciertos entre el dueño de las cabras y el cuidador, contratos que duraban por lo general tres años, tiempo durante el cual el ganado debía ser bien tratado y pastoreado, llevando por su trabajo el pastor la mitad del provecho obtenido, tanto en cabritos como en quesos y manteca.

Junto a este ganado más o menos domesticado, existía el guanil, también llamado de costa, para el que se organizaban las apañadas, que consistían en juntar el ganado y marcarlo. Por otro lado, existía el sistema de guarda de garañones, que contrataba el cabildo, de acuerdo con la costumbre de la isla; solía durar un año y concluía en junio, por San Juan, una vez recogidas las sementeras.

Ganado caprino suelto.

Los pastores guardaban todos los garañones de los cabreros de las bandas, bien de Guise o de Ayose, llevando por su trabajo según la banda, una cabrita por cada cuatro o cinco garañones guardados. Esta guarda de garañones estaba regulada de manera similar a la guarda de las vegas, pues el cabildo las remataba, y ponía a unos veedores para su vigilancia, nombrados por la justicia, de acuerdo con las ordenanzas de la isla y la costumbre, debiendo pagar el trabajo los propietarios en ganado. Para poder disfrutar de la guarda debían darse fianzas ante el alcalde mayor, y obligarse a llevar siempre la garañonada en rebaño, según la costumbre; pastorear en buenos pastos y abrevaderos, los que tenía regulados el cabildo para dar de beber a los animales; y comprometerse a avisar a sus dueños si alguno de los animales enfermaba, para que lo aprovecharan, o entregar su cuero en caso de muerte. Este tipo de ganado era tomado a guarda entre julio y octubre, y devuelto en junio, a vista de criadores.

La importancia de la cabaña ganadera en Fuerteventura venia aparejada con la demanda de animales, carne, en definitiva, junto con sus derivados, que continuamente ofrecían a las islas realengas, especialmente a Tenerife y Gran Canaria, que no solo solicitaban animales para el consumo sino también para el transporte, como los burros, caballos y camellos.

Otro de los aprovechamientos de este ganado, en especial de las cabras, era el curtido de los cueros, que dio lugar a una pequeña industria, la de los cordobanes, que desde Fuerteventura se exportaban a Gran Canaria y Tenerife, desde donde se reexportaban al exterior. Estos cueros también se trabajaban en la isla, pues en la villa existía una tenería, cuyo propietario era en el siglo XVIII Sebastián de Andrada, o se exportaban sin trabajar.

Del mismo modo, la exportación y comercialización del ganado majorero, tanto vivo como muerto, se convirtió en un renglón económico importante para la isla y para el señor, tal como tendremos ocasión de comprobar.

También el ganado, dada su abundancia y demanda, ocupaba un lugar importante en la transacción de negocios de todo tipo, como elementos de pago, o como objetos de cambio y de venta. Asimismo, figuraban como piezas importantes en las dotes y en los inventarios de los vecinos, entre ellos los de los propios señores de la isla[220], pues raro es el vecino que no tiene en su haber algún hato de ganado, cercano a las cien cabezas de cabras u ovejas. Sin embargo, en el siglo XVIII se observa una reducción de las cabezas de ganado, de veinte a treinta cabezas, incidiendo en ello el aumento de la superficie de la tierra dedicada al cultivo de cereales en detrimento de las de pasto, la masiva venta de cierto tipo de ganado, sobre todo el camello, la carencia de pastos por la sobreexplotación o la falta de una política armónica para la cría y aprovechamiento del ganado.

El primer tercio del siglo XVIII se erigió como una época de vital importancia para la población y la economía en Fuerteventura, al llegar ambas al límite de su resistencia, ante las trágicas etapas recesivas sufridas a lo largo de esas tres primeras décadas. La situación condujo a una progresiva ruina de gran parte de los pequeños y medianos ganaderos, obligados a enajenar sus rebaños para conseguir alimentos, pagar deudas o emigrar hacia una isla de realengo, beneficiándose de la situación el grupo de poder local

---

220 Para mayor ampliación y conocimiento sobre esta actividad económica en Fuerteventura véanse las obras citadas de. Roldán Verdejo, R. y C. Delgado González: y Lobo Cabrera, M.: *Los antiguos protocolos…*

o insular, que paulatinamente concentró en sus manos una parte sustancial del ganado[221].

La falta de pastos en la isla en los años estériles incide negativamente en la ganadería, tanto suelta como estabulada. El ganado más importante y numeroso era el caprino, junto con el ovino, a los que se sumaban los camellos y los burros, utilizados para la labranza y como único medio de transporte en la isla, siendo su carne, además, consumida por las gentes más modestas.

También se produce en la isla la estabulación de una parte del ganado mayor, mientras que el ganado menor sigue suelto y trashumante, tal como se constata en la documentación con la aparición de gañanías y establos, lo que incide en la mejora de este tipo de cabaña.

Las dificultades con que tropieza la ganadería son, pues, las mismas de la agricultura. El ganado tiene que recorrer grandes extensiones de terreno para encontrar pasto suficiente, y sobre todo para beber, porque las escasas fuentes estaban clasificadas por el cabildo en fuentes para el uso de personas, para uso del ganado de cerda y para el resto del ganado.

En un censo hecho en 1721 se dice que había en la isla 3 450 cabezas de ganado mayor y 3 737 de menor, incluyéndose en estas cifras los jumentos y, desde luego, los camellos[222]. La disminución del número de cabezas en esta época puede deberse a varias circuns-

---

221 Quintana Andrés, P.: "Algunas consideraciones sobre la cabaña ganadera de Fuerteventura durante el Antiguo Régimen", en *VI Jornadas de Estudios sobre Fuerteventura y Lanzarote*, Bilbao. 1995. pp. 79-74; "Evolución de la propiedad ganadera en Fuerteventura durante los siglos XVII y XVIII", X *Jornadas de Estudio de Lanzarote y Fuerteventura*, Arrecife, 2004, pp. 67-98.
222 Roldán Verdejo, R.: *El hambre en Fuerteventura...*, p. 27.

tancias, como el exceso de exportación hacia las islas realengas, pero también a la hambruna que hubo en esos años en la isla.

El análisis del volumen del ganado registrado en los años 1776 y 1802 permite comprobar la progresiva reducción de la cabaña ganadera en la isla; si en 1776 el total de reses en sus diversas categorías era de 56 152, en 1802 solo llegan a 54 243. De estas cifras, mediatizadas por los factores ya apuntados, se desprenden muchos datos de interés que inciden en una reducción del ganado trashumante en beneficio del estabulado. Al mismo tiempo, destaca el incremento del ganado dedicado al transporte (caballos, burros o camellos), a la explotación agrícola (vacas y bueyes) o de notable aportación calórica (cerdo), mientras hay una caída del volumen del ganado caprino, de menor valor en el mercado, y aumenta, sobre todo en 1802, el ovejuno, gracias a su producción de lana.

Las cifras de este último año permiten ratificar el incremento de las explotaciones agrícolas en detrimento de las ganaderas, situación observable en la multiplicación de los litigios ante la Real Audiencia entre los ganaderos y los agricultores, y los conflictos por reparto de términos para su panificación, además de sumarse a dicha situación la considerable inversión de capitales (dinero, mano de obra, terrenos) en el cultivo de la barrilla o la piedra de cal[223].

---

223 Hernández Rodríguez, G.: *Estadística de las Islas Canarias…*, p. 79.

Camellos. Colección FEDAC.

No obstante, el ganado, tanto menor como mayor, no es uniforme en el conjunto de las tierras de Fuerteventura, pues, aunque había zonas donde abundaba las cabezas de ganado menor, caso de Jandía, en otras zonas, como La Oliva, eminentemente agrícola, era más común encontrar un mayor número de cabezas de ganado mayor, como vacas, burros y camellos, necesarios para ayudar en las tareas agrarias y para el transporte de mercancía, especialmente cereales, al cercano puerto del Tostón. Asimismo, en aquellos lugares donde residían los representantes de las milicias y del poder era común la presencia de mulos y caballos.

Las crisis de finales del siglo XVII y comienzos del XVIII significaron para la isla que gran parte de su población cayera en la pobreza y por tanto se sintiera obligada a vender y extraer de la isla su ganado a cambio de obtener sustento para su familia.

Otra característica destacable de la presencia ganadera es la aparición en las inmediaciones de los pueblos de un número indeterminado de edificaciones que fueron salpicando el paisaje, sobre todo a partir de que el ganado mayor se estabulara, aunque también se construyeran corrales para albergar las cabezas de ganado. De este modo, la isla se va a ver salpicada de sises, corrales y esquenes, pegados o separados de las viviendas, donde convivían distintos tipos de reses.

9.3. Productos de recolección

Los productos obtenidos de la agricultura y la ganadería que avivaron el comercio de Fuerteventura con el exterior se complementaron con otros artículos que se recolectaban y fabricaban en la isla, como la orchilla, la cal y la barrilla. El liquen se obtenía de las rocas y paredes cercanas al mar, siendo abundante en el norte de Fuerteventura y en Jandía, y casi desde el principio se consideraba una regalía de los señores.

En cuanto a la cal, durante los siglos del Antiguo Régimen se convirtió en un complemento económico de interés para las familias majoreras, implicándose en su producción un conjunto de personas denominados caleros, en función de su oficio. Este producto se exportaba principalmente a las islas realengas, donde era utilizado en la construcción y en el albeo de los edificios, por lo cual la demanda fue creciendo con los siglos. Los puertos por donde se cargaba en las naves se ubicaban en el Tostón, Caletas de Fustes, Ajuy y Puerto de Cabras[224]. Esta actividad generó también la aparición

---

224 Lobo Cabrera, M.: "Los comienzos de la industria de la cal en Canarias", en *Homenaje a Francisco Navarro Artiles,* Madrid, 2004, pp. 273-288.

de edificaciones, los hornos, indispensables para la obtención de la cal a partir de la piedra o roca de caliche[225].

Los hornos datan de los siglos XVI y XVII, aunque la primera referencia que tenemos es del año 1625, fecha en que unos cortadores se comprometen a cortar leña para hacer dos hornadas de un horno de cal, propiedad del alcalde mayor Juan de Zarate y Mendoza[226], que es confirmada por otra de 1641, en que en un acuerdo del cabildo se menciona el valle del horno de cal, que debía ser el de la carnicería, lo que da idea de la existencia de tal industria desde época anterior.

Hornos de cal en Fuerteventura.

225 Rodríguez Molina, A. e I. de Armas Morales: "La cal en Fuerteventura", *Revista Aguayro*, 211, 1995, pp. 7-13.

226 Archivo Histórico Provincial de Las Palmas, Melchor de Guevara, n.º 2 989, fs. r.; al estar el folio roto, no puede apreciarse la numeración.

El otro artículo de interés muy vinculado a la actividad comercial es la barrilla, conocida en Fuerteventura como cofe-cofe, que crece en los terrenos salados, y de cuyas cenizas se obtienen sales alcalinas, de las cuales se sacaba la sosa. Se incorpora a la maltrecha economía majorera a partir de la segunda mitad del siglo XVIII, pues se tiene noticia de que se introduce desde 1752, que es cuando comienza a exportarse a las distintas plazas europeas y a paliar en parte las necesidades de la población. Sin embargo, no aportó, en verdad, ninguna novedad a la estructura económica, al ser controlada su producción y exportación por las clases dominantes, entre ellas la representada por la familia de los coroneles y en especial por don Agustín Cabrera quien aprovechó las oportunidades brindadas por el acceso de Fuerteventura al mercado exterior gracias a la barrilla, rompiendo así la secular condición de granero de Canarias en la época de las grandes y buenas cosechas[227].

Planta de la barrilla.

---

227 Millares Cantero, A.: "Los coroneles…".

Este vegetal se comenzó a cultivar en terrenos antes dedicados a la siembra de cebada, en especial en la zona norte de la isla, que era la que tenía más posibilidades. A fines del siglo su cultivo se había generalizado, hasta el punto de que la Iglesia pretendía diezmarlo.

Los años finales del siglo XVIII habían sacudido a la isla con una crisis económica dura que culminó con un descenso demográfico, de modo que las actividades económicas, entre ellas el comercio, quedaron paralizadas. La recuperación llegaría de la mano de la barrilla, que permite que se respire en la isla un cierto aire de bonanza.

9.4. Comercio

La mayor parte de los autores que tratan sobre la economía de Fuerteventura ponen énfasis en que se sustentaba exclusivamente sobre dos renglones: el agrícola y el ganadero, que, al estar sujetos a avatares climáticos, con alternancia de años buenos y malos, la convertían en vulnerable. En efecto, sobre estos dos pilares descansaba la economía majorera, pero no es menos cierto que el remanente de ambas actividades dio lugar a un tercero, el comercio, que se mantenía con las islas realengas y con algunas plazas hispanas y portuguesas. A través de él Fuerteventura mantiene conexiones con el resto de las islas y recibe un aporte de recursos, bien a través de los impuestos de entrada y salida, como de la renta y venta de sus productos. Con el desarrollo del comercio Fuerteventura exporta, en los años buenos, el remanente de sus cosechas, en especial trigo y cebada, sin contar el ganado que nutría de carne a Tenerife, Gran Canaria y, en ocasiones, a La Palma, además de animales de carga y trabajo. La orchilla también era muy demandada por los mercaderes extranjeros.

El desarrollo de tal actividad y la necesidad de importaciones que tenían los vecinos para abastecerse de artículos de primera necesidad justifican el ritmo del tráfico a lo largo de los siglos, así como la presencia de mercaderes y de hombres de negocios en la isla, que bien se trasladan directamente a aquella plaza o envían a agentes y factores de compañías; del mismo modo, y en función de los artículos a exportar, se van habilitando radas y abrigos para a través de ellos efectuar la carga y descarga de las mercancías.

9.4.1. El comercio interno: tiendas y vendederas

La inserción de Fuerteventura en las actividades mercantiles, ya fueran internas o externas, se hizo desde bien pronto, siendo la orchilla uno de los primeros artículos que exportó. Las externas eran necesarias para el abastecimiento de la población, tanto de productos de primera necesidad como de tejidos y bienes de equipo que se importaban de las otras islas por los mercaderes que se acercaban a sus costas. En el caso de los comerciantes, bien fueras vecinos o estantes, que introducían en la isla artículos y bienes de equipo, el cabildo solía vigilar su actividad para evitar abusos, pues debieron ser comunes, a la vista de que algunos vecinos, cuando contratan la importación de artículos, le señalan al comerciante que los precios debían ser similares a los corrientes en Tenerife. Estos comerciantes vendían los artículos en sus tiendas, tanto en la Villa como en los campos, donde solían permutar ropas, aceite y vino por cereal.

Por otra parte, tenemos el comercio al menudeo o de abasto, donde representaban un papel destacado las vendederas, mujeres que, en lugares públicos, calles y plazas, vendían artículos de primera necesidad. Normalmente eran productos de la tierra para el consumo y abasto de la población, como pan, vino, aceite, hortalizas y frutas, junto con sal, pescado, leña y legumbres, tal como se constata en la fianza que da un vecino a una de estas mujeres para que pudiera vender sin engaño esos artículos y otros mantenimientos[228].

Este tipo de comercio o, en ocasiones, trueque realizado por estas mujeres se solía practicar en lugares poblados, destacando en primer lugar la Villa, seguida por los poblados de Pájara, Santa Inés, Antigua, La Oliva, y su número no era escaso, tal como informan los protocolos notariales[229]. Esta actividad, lo mismo que la anterior, estuvo reglamentada por el cabildo, que era quien obligaba a las mujeres que se quisieran dedicar a ella a solicitar el permiso y a dar fianzas, tanto de que la ejercerían de manera honesta como de que pagarían a los proveedores que les surtían de los artículos para vender[230].

9.4.2. El comercio exterior

El comercio exterior, por otra parte, estaba prácticamente limitado a las relaciones interinsulares, aun cuando en ocasiones se envían productos a las islas portuguesas atlánticas e incluso al continente, y estaba supeditado a la exportación de sus productos a Gran Canaria y a Tenerife. Esta actividad permite conectar a Fuerteventura con otras islas, realizándose la mayor parte de los tratos en el archipiélago canario, para colocar los artículos propios de la agricultura y de la ganadería e importar, en contrapartida, los necesarios para el consumo, como alimentos, tejidos, bienes de equipo, material de construcción, especialmente maderas, etc. Por ello, desde bien pronto se habilitan puertos naturales, por donde

---

228 Archivo Histórico Provincial de Las Palmas, Pedro Lorenzo Hernández, n.º 2 997, f. 53 r. En julio de 1665, el alférez Domingo de Sierra fía a la vendedera Isabel de Quesada, vecina de Betancuria, para que pueda ejercer su oficio de vendedera.

229 Padrón Artiles, M. D.: *Protocolos de Pedro Lorenzo Hernández (1668-1673), escribano de Fuerteventura,* Puerto del Rosario, 2002.

230 Santana Pérez, G.: "¿Capacidad o sumisión comercial?".

salían los productos, pues, como dice Torriani en su descripción de la isla, abundan en ella "mil puertos, calas y playas"[231].

Efectivamente, en ambos lados de la isla nos encontramos con puertos y calas por donde salían los productos; en la zona de barlovento, los de La Peña o Peña Horadada, que, junto con el de Tostón, eran de los más concurridos por su cercanía a la Villa y a La Oliva, seguidos por los del Roque o Roque de Mascona; en la banda de sotavento, los de la Herradura, Río de Cabras, Pozo Negro, La Pared y el de la casa de la Señora[232]. Precisamente por estos últimos, ubicados en la península de Jandía, se exportaba la mayor cantidad de orchilla y ganado.

Esta actividad comenzó a practicarse en la isla desde el siglo XV, pues los señores negociaban con los mercaderes, especialmente italianos, la entrega de orchilla, que se recogía tanto en Jandía como en la dehesa de Guriame. La orchilla comenzó a explotarse en la isla desde el primer momento, pues el propio Bethencourt estaba interesado en ella con el objeto de exportarla a los centros textiles de Francia y Flandes.

Este liquen era recogido por los orchilleros en los terrenos de malpaís, especialmente en la zona norte de la isla, donde los trabajadores se proveían de agua en el pozo de Guriame, y en Jandía; en ambas zonas trabajaban para los señores. Este artículo era casi el único, junto con algunas partidas de cereales, que se exportaba al exterior, sobre todo hacia Cádiz, y estaba monopolizado por los señores. Los navíos se dirigían para recogerla tanto a las bandas de Ayose como de Guise; el producto era recogido y metido en

---

231 Torriani, L.: *Descripción…*, p. 86.
232 El puerto de la Casa de la Señora hace referencia a un lugar perteneciente a doña Inés Peraza, señora de la isla, quien lo utilizaba como almacén o aduana.

sacas y luego se acarreaba a los puertos en camellos, mediante conciertos que se realizaban para este fin.

Tal como señalamos antes, el destino inmediato de este artículo era principalmente Cádiz, aunque el destino final fueran los mercados mediterráneos y la industria tintorera europea, al funcionar la plaza gaditana como centro distribuidor. No obstante, algunas partidas también se remitían a Gran Canaria, de donde era demandada por los mercaderes extranjeros radicados en la plaza. En 1571 conocemos la venta de dos partidas importantes de orchilla con destino a los puertos andaluces de Cádiz y Sanlúcar de Barrameda, por parte de los apoderados del conde de Lanzarote en Fuerteventura y de Gonzalo de Saavedra[233]. El propio señor de Fuerteventura y sus hijos, concretamente Gonzalo de Saavedra, el joven, remitieron partidas de orchilla a Cádiz y otras partes. En 1592 y 1596 encontramos, en efecto, a Gonzalo de Saavedra vendiendo orchilla a distintos mercaderes. En la primera fecha vendió al mercader Francisco de Molina 330 quintales de orchillas, 120 por él y 110 por su hermano[234], y en la segunda vendió al mercader francés Juan Ley Grave 200 quintales del citado liquen a entregar en los puertos de Mascona, El Roque y Corralejo y, en la parte de Jandía, en los puertos de Esquinzo, la Casa de la Señora y El Mosquito, al precio de 27,5 reales[235] el quintal.

El volumen de exportación de este liquen debió de ser más importante que el que mencionan los protocolos majoreros, es decir que los 3 124 quintales, 3 libras de orchilla que fueron con destino

---

233 Archivo Histórico Provincial de Las Palmas, Antonio Lorenzo, n.º 811, f. 177 r.; y Francisco Méndez, n.º 822, fs. 5 r. y 8 r.
234 Archivo Histórico Provincial de Las Palmas, Lorenzo de Palenzuela, n.º 849, f. 120 r.
235 *Ibid.*, Francisco Suárez, n.º 907, f. 343 r.

a Cádiz, el gran centro redistribuidor europeo de la orchilla canaria en el siglo XVII, ya que Flandes e Italia habían dejado de existir como mercado directo para este producto, tal como venía sucediendo en el siglo XVI[236].

Las zonas de recolección no variaron con el tiempo, pues los orchilleros cuidaban de no arrancar el liquen de raíz, y siguieron siendo en los siglos XVII y XVIII la dehesa de Jandía y distintos puntos de las demarcaciones de Guise y Ayose, entre ellos la dehesa de Guriame y la zona de Mascona, tal como se coteja de una escritura otorgada en 1685 en que el capitán y sargento mayor Sebastián Trujillo Ruiz, en virtud de un poder de los herederos de la señora marquesa de Lanzarote, daba licencia a un vecino del Puerto de la Cruz para que pudiese recoger en Fuerteventura durante un año toda la orchilla perteneciente a los dozavos, tanto en la dehesa de Jandía como en Mascona[237].

Sin embargo, los productos que tuvieron mayor importancia, dada la orientación económica de la isla, fueron los cereales y el ganado. En el siglo XVI, a tenor de las exportaciones, hubo grandes cosechas, que se exportaban en mayor cantidad a Tenerife y Gran Canaria, y en ocasiones a La Palma; así, tenemos referencias del envío de trigo y cebada a Tenerife con destino a los puertos de Santa Cruz, La Orotava y Garachico, lo mismo que a Gran Canaria, a donde se remiten cargas de cereal, bien para comercializarlo, abastecer a la población, comprado por las autoridades, o en pago de las compras que habían hecho en Las Palmas los señores de la isla. De las islas realengas es Tenerife la que recibe la mayor cantidad de cereal de la isla majorera, toda vez que gran parte de la pro-

---

236 Lobo Cabrera, M.: *El comercio canario europeo en la época de Felipe II*, Santa Cruz de Tenerife, 2008.

237 Archivo Histórico Provincial de Las Palmas, Diego Cabera Mateos, n.º 3 004, f. 412 v.

ducción acaparada por el señor territorial tenía aquel destino, al residir durante los siglos XVII y XVIII en aquella isla.

Las recuas de camellos transportaban los granos hasta los distintos puertos para su exportación, donde se depositaban a la espera de las embarcaciones, llegando en ocasiones a producirse cierta saturación, debido al exceso de producción. Hacia fuera del archipiélago también se enviaba trigo, permitiendo a Fuerteventura mantener relaciones con la isla portuguesa de La Madcira, que por ser deficitaria demandaba continuamente cereal canario, primero de Tenerife y luego de Lanzarote y Fuerteventura[238].

Los contactos entre la isla portuguesa y Fuerteventura debieron de ser asiduos y frecuentes, hasta el punto de que el propio señor de la isla, don Fernando de Saavedra[239], en 1588, fleta una barca para ir él con su gente y criados con mercaderías de la tierra, seguramente cereales y ganado, a Madeira, a venderlas[240]. Años más tarde, su hermano Gonzalo daba poder a Hernando de Cabrera Sanabria, vecino de Fuerteventura, para que todo el trigo que le perteneciere del quinto de la isla de Lanzarote lo pudiera navegar a la Madeira y venderlo en contado al precio que mejor hallare[241].

En el siglo XVII se intensifica la exportación de granos, sobre todo a partir de la segunda mitad, que fue favorable a los negocios de los majoreros, especialmente de aquellos con mayor cantidad de tierras, aunque en los años abundantes en cereales e incluso en los medianos,

---

238 Martín Socas, M. y M. Lobo Cabrera: "Emigración y comercio entre Madeira y Canarias en el siglo XVI", en *Os Açores e o Atlántico (séculos XIV-XVII)*, Angra do Heroismo, 1983, pp. 678-700.

239 Se trata del hijo de Gonzalo de Saavedra, el viejo.

240 Archivo Histórico Provincial de Las Palmas, Lorenzo de Palenzuela, n.º 845, f. 52 r.

241 *Ibid.*, Francisco Suárez, n.º 904, f. 37 r.

debido a la saturación del mercado por la gran producción, el negocio no resultaba tan rentable, como ocurrió en algunos años productivos como 1775, en que, debido a los distintos gastos, entre los que incluían los impuestos de saca y el diezmo, la fanega majorera llega a tener en Tenerife un precio superior al que corría en el mercado[242].

Este comercio benefició con creces a las familias más importantes de la isla, como los Trujillo, Umpiérrez, Cabrera o Goias, quienes, por su mayor posesión de tierras y por su mayor poder de resistencia en los años malos, seguían exportando cereales a pesar de estar prohibida su saca por parte de la Audiencia, a petición del cabildo de Fuerteventura.

A lo largo de todo el Antiguo Régimen es el trigo el cereal que ocupa el primer lugar en cuanto a las exportaciones, seguido de la cebada; no en vano, en palabras de Viera y Clavijo, Fuerteventura era "el principal granero de todas las Canarias"[243]. De hecho, por la información que proporcionan las fuentes, son los únicos que se exportan en cantidad, mientras que el centeno apenas consta en las exportaciones, lo que quiere decir que, si existía, su cultivo era prácticamente anecdótico y más orientado al consumo interno que a la exportación, al ser poco demandado. También nos ha llamado la atención que en la cebada no conste ninguna diferenciación entre cebada rabuda y romana. El millo todavía no se había introducido en la isla, al menos para la exportación, sino más bien en la importación, a partir del siglo XVII.

De los datos de que disponemos en los protocolos majoreros, en el siglo XVII se exportaron 15 893 fanegas y 8 celemines de trigo, 4 358 fanegas y 16 celemines de cebada, 600 fanegas de trigo y ce-

---

242 Roldán Verdejo, R y C. Delgado González: *Acuerdos… 1605-1659*, pp. 39-40.
243 Viera y Clavijo. J.: *Noticias…*, T.I., p. 838.

bada, y una cantidad, suponemos de bastante importancia, que se esconde bajo las denominaciones de trigo, cebada o pan[244]. Todas estas cifras aportadas por los protocolos habría que aumentarlas en mayor cantidad, toda vez que, según el libro de quintos, en un solo año, 1625, salieron por los puertos de Fuerteventura hasta un total de unas 15 000 fanegas de granos[245]. De estas cantidades la mayor parte de ellas están vinculadas al mercado regional, aunque no debieron de ser nada despreciables las cantidades que llegaron a otros destinos, como Madeira, al menos hasta 1640, año en que Portugal se independiza. No faltan tampoco las noticias acerca de la exportación de algún tipo de legumbres, como las lentejas, aunque en cantidades muy insignificantes, lo que demuestra su escaso peso dentro del total. No obstante, insistimos una vez más en que estas cifras son solo una aproximación del volumen total exportado. Con todo, algunas de las cantidades de cereal exportadas en un mismo viaje podían ser realmente importantes, máxime cuando no se especifica ni el destino ni la cantidad.

En el siglo XVIII, a pesar de los vaivenes de la climatología, que hacía que, en contraste con algunos años de abundancia, la población se sumiera en otros en la mayor de las pobrezas, las exportaciones siguieron en aumento al menos hasta la segunda mitad de la centuria. Hubo, en efecto, años de excelentes cosechas, tan abundantes que atrajeron a forasteros de otras islas del archipiélago, e incluso de Madeira y Azores, a la siega y a la trilla.

---

244 Archivo Histórico Provincial de Las Palmas, Melchor Duran, n.º 2 988, f. r. En abril de 1623 se obligaron a llevar a Melchor de los Reyes para Garachico todo el pan, trigo, cebada y otras cosas que se pudiesen llevar en el barco.

245 Torres Torres, C. C.: "Una aproximación a las exportaciones de Fuerteventura en el primer tercio del siglo XVII a través de su libro de quintos 1625-1626", *XI Jornadas de Estudio sobre Fuerteventura y Lanzarote*, Puerto del Rosario, 2004, T.I, pp. 99-126.

Junto con los cereales, el ganado excedente se exportaba igualmente hacia las otras islas del archipiélago, siendo en este caso Tenerife una de las islas más favorecidas para nutrirse de carne majorera, aunque también Gran Canaria y La Palma importan ganado de esta isla. Tal como mandaban las ordenanzas de los cabildos de las respectivas islas, el ganado se transportaba vivo para ser sacrificado en las carnicerías municipales y evitar así en lo posible que los alimentos estuviesen en malas condiciones para su consumo. En otros casos, como el del ganado camellar o caballar, era obvio que debía transportarse vivo, ya que en su mayoría se importaba como fuerza de trabajo.

La carga en estos casos se calcula en unidades y en variedad, pues en los barcos, junto a cabras y ovejas, se cargan vacas, caballos y asnos. Incluso es posible hallar alguna relación sobre el ganado embarcado; así, por cada doscientas cincuenta cabrillas, se permitía subir a bordo cincuenta carneros, tres asnillos, tres caballos y dos vacas[246]. A veces, hay preferencia por un solo tipo de ganado menor, pero otras veces aparece combinado; así, en alguno de los cargamentos se señala que, del total de la capacidad del navío cargado con cabras, se reservan hasta ciento treinta huecos para ovejas.

Aunque Gran Canaria, igual que Tenerife, contaba con su propia cabaña ganadera, también se proveyó de ganado majorero. Además de las cabras, que siempre se importaban en mayor cantidad, se demandaban vacas, camellos y asnos, orientados a las labores agrarias, que se importaban por parejas[247]. Hay también, con todo, ejemplos en que el mayor número de animales demandados corresponde a caballos y camellos[248].

---

246 Lobo Cabrera, M.: *Los antiguos protocolos…*, doc. n.º 100.
247 Archivo Histórico Provincial de Las Palmas, Ambrosio de Campos, n.º 930, f. 252 r.

La importación de animales de Fuerteventura comienza en fecha temprana, en especial de cabras y ovejas, que se cargan en los puertos de Tarajalejo y Tarajal. La Palma, en aras de abastecer a su población, también se interesó por este tipo de tratos; así, en 1593 se cargaron ocho camellos en la isla con destino al puerto de Santa Cruz de La Palma[249].

En el siglo XVII la cabaña ganadera siguió aumentando y con ella el comercio de reses seguía en ascenso, con salidas masivas hacías las islas centrales, que no solo importaban para el consumo local, sino también animales como fuerza de trabajo y transporte, hasta el punto de que para el cabildo este aumento constituía un problema para la agricultura, pues los ganados arrasaban no solo, en algunos casos, las cosechas, entrando en las vegas, a pesar de tener guardas, sino también grandes zonas de vegetación.

Las numerosas exportaciones, por otra parte, significaron una sangría para el sector, que traerá como consecuencia el descenso de la cabaña en el siglo XVIII. Tan solo a título de ejemplo, y según los datos que suministran los protocolos notariales, las reses exportadas en el siglo XVII fueron las siguientes: 2 651 reses cabrías, 490 reses sin especificar, 250 machos y carneros, 130 reses ovejunas, 16 reses vacunas, 4 caballos, 1 yegua, 26 camellos, 5 jumentos, 6 cabrones, 1 315 machos cabríos, 215 cameros, 629 chivatos cabríos, 1 becerro, 56 cabritos, 1 384 garañones cabríos, 404 garañones, 157 cabras, 107 castrados cabríos y 160 reses de castrados cabríos, carneros y cabras y un número amplísimo sin especificar.

Estas continuas exportaciones de ganado hacen que cunda la alarma en el cabildo, que reconoce en 1701 que

---

248 *Ibid.*, Teodoro Calderín, n.º 900. f. 95 r.
249 *Ibid.*, Ambrosio de Campos, n.º 931, f. 10 r.

… falta en la isla ganado de todo género, escapándose sólo algunos camellos y pocas cabras, quedando a los vecinos que las tienen sólo ocho, diez, seis y cuatro cabras, y sólo habrá cuatro o cinco criadores que tengan de cien reses arriba, extinguiéndose totalmente el ganado vacuno y ovejuno[250].

Sin embargo, la alarma generada en el cabildo por esta minoración no impidió la exportación de animales de carga, incluso hacia el continente americano, como aconteció con la salida de camellos de Fuerteventura con destino a las Antillas francesas[251]. No obstante, el papel de la ganadería en la exportación irá perdiendo peso limitándose preferentemente al abastecimiento, toda vez que la barrilla genera más incentivos.

Junto con los animales, Fuerteventura mantuvo un activo comercio con los productos derivados del ganado, como quesos, cueros, tocinas y lana, que hallan un buen mercado en las otras islas, como lo demuestra el hecho de que en 1562 dos portugueses fletaran un navío para cargar en el puerto de la Peña Horadada trescientas tocinetas, cuarenta y cinco quintales de lana y mil cueros cabrunos, más una yunta de bueyes, con destino a La Palma[252]. También a finales del siglo, en 1595, un cura de la catedral fletó un navío para que fuera a Fuerteventura y recibiera de Juan Mateos Cabrera, regidor y familiar del Santo Oficio, todo el ganado cabruno y ovejuno, más las tocinas, cueros y quesos que en su nombre le diere[253].

Los exportadores eran con mucha frecuencia foráneos, que compraban los principales productos y otros artículos a los agri-

---

250 Roldán Verdejo, R. y Delgado González, C.: *Acuerdos… (1660-1728)*, p. 174.
251 Guimerá Ravina, A.: *Burguesía extranjera y comercio atlántico. La empresa comercial irlandesa en Canarias (1703-1771)*. Santa Cruz de Tenerife, 1985, pp. 198-199.
252 Archivo Histórico Provincial de Las Palmas, Rodrigo de Mesa, n.º 781, f. 252 r.
253 *Ibid.*, Francisco Suárez, n.º 906, f. 223 v.

cultores, ganaderos y criadores. Así, encontramos mercaderes de Tenerife, de Gran Canaria, de Madeira e incluso franceses y flamencos recorriendo la isla con este fin. Sin embargo, los más asiduos de los exportadores de casi todos estos artículos fueron los vecinos principales, junto con los señores, quienes en varias ocasiones remiten cereal, ganado y orchilla a los mercados citados.

A cambio de estos productos que salían por los puertos majoreros, entraban productos manufacturados tales como tejidos, calzado, herramientas, platos y loza, vidrio y papel, junto con artículos propios del abasto, como vino, aceite, y otros géneros. La importación de estos productos implicaba la llegada a la isla de mercaderes y buhoneros que la recorrían con sus mercancías, aunque los mayores negocios se transaban en la Villa, lugar donde solían concentrarse los mercaderes y donde alguno de ellos tenía tienda abierta, en la cual vendía los productos importados, como fue el caso de un canónigo de la catedral que remitió a Fuerteventura cinco pipas de vino y un cuarto, diez quintales de pasas, un arado con su cabeza, tres botijas de remiel y dos de vinagre[254].

9.5. Las cabalgadas a Berbería

La maquinaria de este tipo de operaciones fue conocida en Fuerteventura casi desde el momento en que se conquistó la isla, y sus señores se implicaron en ellas dados los réditos que obtenían con ello, al convertirse en operaciones comerciales que nutrían a la isla de esclavos, animales y otras mercancías.

La preparación de las cabalgadas, una vez que el señor decidía hacerlas o encargaba a alguien de su confianza organizarlas, se montaba en algún puerto de la isla, siendo los más comunes los de

---

254 *Ibid.*, Alonso de Mendoza, n.º 933, f. 133 v.

caleta de Fustes, Tostón, La Peña y Pozo Negro, tal como relata a fines del siglo XVI el vicario de la isla Ginés de Betancor, cuando en un escrito remitido al tribunal de la Inquisición en 1595 dice que

> …los naturales de esta isla (Fuerteventura) comenzaron a enviar en Berbería de 80 años a esta parte poco más o menos, porque está cerca; que ha sucedido partir un hombre de esta isla a el salir del sol del… Santa María con una carta e ir del puerto de Pozo negro, que es a cuatro muy buenas leguas, la una de cumbre, y embarcar en el dicho puerto e ir … a donde llaman el puerto de Sanet… en navío que allí estaba de rescate y volver a esta dicha isla, a el mismo puerto de Pozo Negro, con respuesta de la carta de el capitán de el rescate y llegar a este valle en el mismo día a la campana de la oración…[255].

De ahí que se eligiera como puerto principal para estas entradas Pozo Negro, pues, como se recoge en el imaginario popular, "De Pozo Negro a Berbería se va y se viene en el día". Las entradas se organizaban casi todos los años, tal como se hacían desde Lanzarote, de tal manera que los pobladores de la isla estaban acostumbrados a que fuera un espectáculo de lo más natural. Ahora bien, las fechas más recomendadas eran de junio a septiembre, dado que durante el resto del año los maestres de los navíos se negaban a ir, aduciendo que era tiempo de invierno con la mar brava.

Los navíos esperaban la carga en los alrededores del puerto. Solían contratarse en Las Palmas, dada la mayor abundancia allí de embarcaciones, y en la época de Gonzalo de Saavedra sabemos de la organización mediante escrituras de cinco expediciones, fechadas una en 1545, dos en 1551, otra en 1560 y otra en 1574, aunque se-

---

255 Millares Torres, A.: *Colección de documentos para la historia de Canarias*, T. II, fs. 38-41.

guramente realizara muchas más. Después de su muerte sus hijos y su mujer realizaron otras, posteriores a la prohibición decretada en 1572 por Felipe II por razones de conveniencia política, y a consecuencia de los ataques que se habían producido sobre Lanzarote.

La organización de la armada recaía en la figura del señor, salvo que encomendara dicha tarea a alguno de sus fieles servidores, de manera que el peso de la misma quedaba reducido a muy pocas personas, a diferencia de lo que ocurría en las islas realengas, donde estaban más repartidos tanto la organización como los beneficios.

La expedición requería, en primer lugar, contratar el barco y el maestre que debía llevarlos a la costa africana inmediata a Fuerteventura, casi siempre entre el cabo de Aguer y el de Bojador, siendo los puntos más visitados los del Cabo de Aguer, Mar Pequeña, San Bartolomé y Tagaoz. Se solía contratar a personal y tripulaciones expertas, acostumbradas a realizar tales viajes y con cierto conocimiento, por su experiencia previa, de los sitios en los que había que desembarcar, para poder así obtener mayor presa.

El viaje debía ser rápido y durar lo menos posible entre la travesía, el desembarco, la razia o incursión y el retorno, por lo que debían buscarse barcos ágiles, llámense carabela o navío, propios para operar en el Atlántico. Aunque los señores solían disponer de las embarcaciones, los navíos eran costeados por las distintas partes que participaban en la operación. El porte y tonelaje de estas naves era reducido, pues importaba más la rapidez y la presa. Cuando se contrataba el barco se incluían todos los pertrechos y bastimentos propios para la navegación. A bordo de las embarcaciones iban los mantenimientos y también algunas mercaderías, por si se terciaba algún rescate; entre los mantenimientos se contaba con agua, vino, pan o bizcocho, carne salada, queso y alguna otra cosa, como cebollas; para los rescates se llevaban conchas, baratijas, paños, lienzos y otras cosas, aunque a los señores de Fuerteventura se les acusa de llevar hierro, armas y trigo, a pesar de estar prohibido.

Además de esto, los señores y sus delegados llevaban a bordo a gente de guerra, soldados de a pie y de a caballo, en una proporción del 10 % de caballeros frente a los infantes, entre los que contaban los moriscos que formaban parte de una compañía de milicias existente en Fuerteventura y dependiente del señor a la que se conocía como de los "naturales berberiscos". En alguna armada se documenta la presencia de ciento cincuenta soldados de esta guisa, con sus armas respectivas, e incluso algún tipo de artillería, como los versos[256] de hierro con sus cámaras, más la tripulación, a la que los señores estaban obligados a dar de comer y beber durante el viaje, más su salario. A todo ello se añadía la figura de los adalides, que eran guías moriscos que servían de traductores y mediadores cuando había posibilidad de gestionar un rescate, a la vez que actuaban como espías en las cabalgadas, enseñando los caminos y los lugares donde había posible presa para cautivar; su, por así decir, doble vida resultaba, a veces, polémica, ya que muchos de ellos aprovechaban el viaje a Berbería para quedarse en tierra.

El tribunal de la Inquisición no veía esto con buenos ojos y ante las denuncias de los capitanes de las expediciones desde 1532 se ordena que no se lleven moriscos como adalides a Berbería sin licencia. Los señores de Lanzarote y Fuerteventura protestaron por esta medida e hicieron, en general, caso omiso de ella, aun cuando, a veces, se veían obligados a cumplirla. Por ello, en 1571 el inquisidor Ortiz de Funes

> …hace saber al gobernador de Fuerteventura o a otros cualesquier justiçias de ella que no consientan pasar ni embarcar

---

256 El verso era una pieza ligera de artillería antigua, que en tamaño y calibre era la mitad de la culebrina.

para ir de armada a Berbería a ningún morisco, si no fuese con su licencia…[257].

Seguramente en relación con la ya mencionada protesta de los señores, en la década de los ochenta, se ordenó al tribunal del Santo Oficio, en dos autos, no inmiscuirse en las atribuciones del poder temporal.

Del resultado de tales empresas, además de los animales y otras cosas, lo más importante eran los esclavos berberiscos, para asegurar el poblamiento de la isla y las actividades económicas, a la par que las mujeres, además de emplearse en las labores domésticas y artesanas, se convertían en objeto de placer para los señores y propietarios, tal como refrenda el beneficiado Ginés de Bethencourt cuando señala

> Las moras grandes y pequeñas… sus amos usan dellas libremente y las demás que a ellos les parecía en el vicio de la carne y comerciaban las doncellas a los mayores precios para ese efecto, las cuales empreñándose de quien fuere, que hubieren tenido acceso carnal… publicaban como gente cautelosa que los hijos que parían eran de sus amos… o de los hombres más honrados… y así tomaban sus apellidos[258].

Los moriscos fueron una pieza fundamental en la economía de Fuerteventura, pues tanto los que obtenían la libertad como los que se mantenían esclavos trabajaban en las labores propias de la tierra y de la ganadería. Muchos dependían directamente de la casa de los señores, tanto en su palacio como en el campo, donde debían de sufrir un régimen severo, pues a doña María de la O se la acusa en varias ocasiones de azotar a los moriscos. En 1577, por ejemplo,

---

257 Archivo Museo Canario, Inquisición CLXVIII-59.
258 Millares Torres, A.: *Colección de documentos…*, T. II, f. 40.

se trataba ante la Audiencia un negocio entre Luis de Saavedra, morisco, y doña María de la O, a quien se acusaba de haber azotado al morisco, y así debió de ser, por cuanto el tribunal la condenó en 30 000 maravedís para la cámara de su majestad y en cincuenta ducados que debía pagar al morisco Saavedra[259].

Este tipo de empresas que tanto rédito dejaron a los señores de Fuerteventura fueron suspendidas y prohibidas por Felipe II en el año 1572, como ya se dijo, por razones de conveniencia política, dando así un golpe de gracia a este renglón económico, y aunque en los años postreros del siglo tanta doña María de Moxica como su hijo Gonzalo realizaron todavía algunas, ya este tipo de empresas no se volvieron a realizar en los siglos posteriores.

9.6. El derecho de quintos

El derecho de quintos era un impuesto que gravaba principalmente los artículos de exportación. Se introduce en las islas señoriales a partir de la conquista normanda y se mantiene hasta la abolición de los señoríos en el siglo XIX. Este impuesto llevará a enfrentamientos entre los vecinos y el señor a lo largo de la historia de Fuerteventura, dando lugar a sucesivos pleitos que llegan a los tribunales isleños e incluso a la corte, y generando una cantidad ingente de quejas, demandas y pruebas en las que se acusaba a los señores de abuso. Los pleitos se mantuvieron casi todo el tiempo que duró el señorío, con breves intervalos de pacífica convivencia, llegándose al extremo de que, mientras se resolvían los conflictos, el cobro de los quintos fue secuestrado por la Real Audiencia de Canarias.

---

259 Rodríguez Segura, J. A.: *La Real Audiencia…*, llamada 37, 5 de septiembre de 1577.

El derecho de quintos figura entre los privilegios que el rey Enrique III concede a Jean de Bethencourt y se consolida a partir de 1476 cuando los Reyes Católicos conceden a los señores de las islas, Diego García de Herrera e Inés Peraza, la facultad de detraer una determinada cantidad de los productos que la isla exportase, con el fin de que se dedicasen a fortificar las islas para protegerlas de los ataques piráticos y corsarios.

En Fuerteventura las fortificaciones no se hicieron hasta el siglo XVIII y el dinero recaudado fue a parar a las arcas de los sucesivos señores territoriales. Estos señores arrendaban el cobro del impuesto de quintos, y los abusos de los arrendadores, que, como es lógico, extremaban su rigor en la recaudación, influyeron, y al parecer no poco, en la difícil situación económica de Fuerteventura.

El impuesto que debían pagar los vecinos y los mercaderes recaía sobre la producción de granos, lo cual era considerado excesivamente gravoso para la economía insular, puesto que la producción estaba sujeta a múltiples factores naturales, además de que los vecinos contribuían con sus cosechas al pago del diezmo eclesiástico. En sus demandas los vecinos exponían que más de un tercio de su economía se iba en impuestos.

Los quintadores, encargados del cobro del impuesto, eran cargos de libre elección de los señores, y la forma de nombrarlos y destituirlos estaba en función del deseo del señor y así se expresaba ante el notario público, cargo, por cierto, que también dependía de los señores.

El cobro del quinto, por otra parte, se efectuaba con regularidad y exactitud, aunque podía también darse algún caso de arbitrariedad, según quién fuera el quintador y quién el personaje que debía pagar.

Los administradores y depositarios del quinto fueron, en casi todas las ocasiones, personajes relevantes de la vida pública majorera, emparentados con los señores de la isla, o vasallos que habían demostrado su lealtad a la institución de la que dependían, ganándose así la confianza y amistad de los señores.

Este impuesto, como ya dije, mantuvo enzarzados a los vecinos con los señores en una serie de litigios a lo largo de su historia, aunque los mayores conflictos se producen entre los siglos XVII y XVIII, en parte porque el problema de los quintos se conjugaba con el hambre que de vez en cuando se cernía sobre sus pobres habitantes. Así, en 1686 el síndico personero, Lázaro Sanabria, se quejaba de que este impuesto llevaba a la isla a la ruina, y en su exposición comparaba lo que se pagaba a principios del siglo y lo que se pagaba en la fecha, con lo que quedaba claro que se había subido el impuesto de tal modo que representaba ya un 25 % del valor de lo exportado; si a ello se unía el diezmo que se pagaba a la iglesia, más los costos y simientes, muchos agricultores dejaban de sembrar, ya que todo el producto se les iba en impuestos y gastos, y optaban por emigrar hacia las islas realengas.

Esta situación hace que en 1668 el cabildo acuerde iniciar pleito en solicitud de que el citado gravamen se extinguiese, dando para ello poder a un factor residente en Madrid llamado Martín de Murga, pero la carestía y los malos años impidieron continuar el litigio. Sin embargo, años más tarde, en 1686, después de un periodo de hambrunas y decididos a terminar con el ímprobo impuesto, el cabildo acuerda reanudar el pleito, que se sigue en Madrid. Según Roldán, un hecho casual apresura las cosas. El arrendador de los quintos, el sargento mayor Francisco González de Socueva, ejecuta por deudas al vecino de La Orotava Domingo Álvarez de Espino. Este interpone recurso ante el juez ordinario de la isla, el sargento mayor Sebastián Trujillo Ruiz, y a ello se suma de inmediato el síndico personero. El juez, que era padre político del arrendador y además administrador del señor territorial, dicta sentencia el 3 de febrero de 1688, por la que considera justa la petición del pueblo y en consecuencia absuelve a Domingo Álvarez de Espino, a la vez que ordena secuestrar el Arca de Quintos para que el cabildo la administre, a la vez que reduce la cuantía del impuesto a la primitiva, ordenando que por cada fanega de trigo solo se pudiese cobrar un real, medio por la cebada, doce reales por camello, cuatro por un quintal de quesos, uno y medio por botija de manteca y un real por oveja o cabra. Tal sentencia la confirmará después la Audiencia. Sin embargo, el pleito de quintos continuó hasta su sustanciación en Madrid y, aunque hubo una mejora en la cuantía de la detracción, Fuerteventura seguirá padeciendo este gravamen durante cien años más[260].

La situación, sin embargo, no contenta ni a los vecinos ni al señor territorial, por lo cual procuran llegar a un arreglo, que se sustancia en 1719 en un cabildo abierto celebrado en la iglesia matriz de Santa María de Betancuria. En él se exponen los deseos que desde antaño expresaban los vecinos de ser exonerados del impuesto y, a la vez, se contemplan los derechos de los señores, llegándose al acuerdo de que solo se impondría el impuesto a los cereales y ganados menores.

La forma de llevar a cabo el cobro del 6 % debía sujetarse a la condición de que quien embarcase la mercancía debía pagar en la misma especie de granos o ganados, y no debía ser obligado a darlo puesto en el puerto, como hasta entonces era corriente hacer en la isla. En lo que se refiere a los ganados menores, el 6 % no debía entenderse sobre las seis mejores reses de cien, sino terciadas, es decir, elegidas convenientemente entre los administradores del impuesto y el que embarcase la mercancía. Con respecto a los demás frutos,

260 Roldán Verdejo, R. y C. Delgado González: *Acuerdos… 1660-1728*, p. 12; Roldán Verdejo, R.: *El hambre en Fuerteventura…*

como el queso, la lana, tocinas, cordobanes, manteca, caballos, jumentos, camellos, bueyes y cerdos, se debía observar el mismo arancel que por entonces estaba vigente, esto es, cuatro reales por un quintal de lana, cuatro por uno de quesos, dos cuartos por una tocina, un real por un cordobán, un real por una botija de manteca, dieciséis reales por un caballo, seis reales por un jumento, doce por un camello, seis por un buey y tres por un cerdo[261].

En alguna ocasión este asunto fue aprovechado políticamente, como cuando, en 1723, el comandante general, marqués de Vallehermoso, comunicó de manera solapada a los habitantes de la isla que el gobierno solo socorrería al pueblo de Fuerteventura si decidía rebelarse contra el señor territorial, dejaba de pagarle los quintos y los entregaba a la hacienda estatal[262].

---

261 Bruquetas de Castro, F.: "Conflictos por los impuestos señoriales en Lanzarote y Fuerteventura", *XI Coloquio de Historia Canario-Americana (1994),* Las Palmas de Gran Canaria, 1996, vol. 1, pp. 578-600.
262 Roldán Verdejo, R. y C. Delgado González: *Acuerdos… 1660-1728,* p. 12.

BIBLIOGRAFÍA

Abreu Galindo, J.: *Historia de la conquista de las siete Islas de Canaria,* Santa Cruz de Tenerife, 1977.

Álvarez Rixo, J. A.: "La langosta o *Aeridium migratorum*", manuscrito inédito.

Aznar Vallejo, E.: *Pesquisa de Cabitos.* Las Palmas de Gran Canaria, 1990.

Bello Jiménez, V. y E. Pérez Herrero: *Traspaso de las Islas Canarias al conde de Niebla.* Madrid, 2018.

Bory de Saint-Vicent, J. B. G. M.: *Ensayos sobre las Islas Afortunadas y la Antigua Atlántida o Compendio de la Historia General de las Islas Canarias,* La Orotava, 1988.

Bruquetas de Castro, F.: "Conflictos por los impuestos señoriales en Lanzarote y Fuerteventura", *XI Coloquio de Historia Canario-Americana (1994),* Las Palmas de Gran Canaria, 1996, vol. 1, pp. 578-600.

Bruquetas de Castro, F.: "La población de Fuerteventura a comienzos del siglo XVIII", *VII Jornadas de Estudios sobre Lanzarote y Fuerteventura,* Puerto de Rosario, 1996, T. I, pp. 451-464.

Bruquetas de Castro, F.: *Lanzarote en el siglo XVII. Gobierno, administración y economía,* Las Palmas de Gran Canaria, 2000.

Cámara y Murga, C. de la: *Constituciones Sinodales del Obispado de la Gran Canaria y su Santa Iglesia con su primera fundación y traslación, vidas sumarias de sus obispos, y breve relación de todas las siete islas,* Madrid, 1631.

Cebrián Latasa, J. A. (i) Fuerteventura en el pasado (siglos XV y XVI). Inédito. Archivo Gaviño de Franchy.

Cerdeña Ruiz, R.:" Los regidores diputados cadañeros del Cabildo municipal de Fuerteventura entre 1605 y 1669", *Anuario de Estudios Atlánticos*, 61: 061-002. http://anuariosat-lanticos.casadecolon.com/index.php/aea/article/view/9302.

Cerdeña Ruiz, R.: *Acuerdos del Cabildo de Fuerteventura (1799-1834)*, T. III, Puerto del Rosario, 2008.

Cerdeña Ruiz, R.: "La ordenanza de 1744 de Francisco Bautista Benítez de Lugo Arias y Saavedra, señor de Fuerteventura", *Cartas diferentes. Revista canaria de Patrimonio documental*, 12, 2016, pp. 245-293.

Cioranescu, A.: *Thomas Nichols, mercader de azúcar, hispanista y hereje,* con la edición y transcripción de su *Descripción de las islas Afortunadas*, La Laguna, 1963.

Concepción Rodríguez, J.: "Las manifestaciones artísticas de Lanzarote y Fuerteventura: sus promotores", en *XI Jornadas de Estudio sobre Fuerteventura y Lanzarote*, Puerto del Rosario, 2004, pp. 473-480.

Concepción Rodríguez, J. y Gómez-Pamo Guerra del Río, J.: *Arte, sociedad y poder. La Casa de los Coroneles,* Santa Cruz de Tenerife, 2009.

Dávila y Cárdenas, P. M.: *Constituciones y nuevas addiciones sinodales del Obispado de Las Canarias, hechas por el ilustrísimo señor Don Pedro Manuel Davila y Cárdenas (…) A las que hizo (...) Don Christobal de la Camara y Murga (…)*, Madrid, 1737.

Díaz Hernández, R.: "El poblamiento de Fuerteventura hasta el siglo XVII", *Tebeto. Anuario de Archivo Histórico Insular de Fuerteventura*, 1, 1988, pp. 13-28.

Diaz Padilla, G. y Rodríguez Yánez, J. M.: *El señorío en las Canarias Occidentales. La Gomera y El Hierro hasta 1700*, Santa Cruz de Tenerife, 1990.

Domínguez Ortiz, A.: "Prólogo" a Vallecillo Capilla, M.: *Política demográfica y realidad social en la España de la Ilustración. La situación del niño expósito en Granada (1753-1814)*, Granada, 1990.

Fernández Bethencourt, F.: *Nobiliario y blasón de Canarias: diccionario histórico, biográfico, genealógico y heráldico de la provincia*, Madrid, 1883, T.I y II.

Frutuoso, G.: *Saudades da terra*, Lisboa, 1939-1940.

Glas, G.: *Descripción de las Islas Canarias*, 1764, La Laguna, 1982.

Gómez Garay, J. M.: *Elementos jurídicos presentes en la conquista de Canarias. Fase señorial*, Universidad de La Laguna, TFG, 2022.

Gómez-Pamo Guerra del Río, J.: "Los coroneles de Fuerteventura, militares y hacendados", en Lobo Cabrera, M.: *La Oliva. La historia de un pueblo de Fuerteventura*, Ayuntamiento de La Oliva, 2011, pp. 251-289.

Guimerá Ravina, A.: *Burguesía extranjera y comercio atlántico. La empresa comercial irlandesa en Canarias (1703-1771)*, Santa Cruz de Tenerife, 1985.

Hernández Rodríguez, G.: *Estadística de las Islas Canarias 1793-1806, de Francisco Escolar y Serrano*, Las Palmas de Gran Canaria, 1984, T. I.

Hernández-Rubio Cisneros, J. M.: *Fuerteventura en la naturaleza y la historia de Canarias*, Santa Cruz de Tenerife, 1983.

Jiménez de Gregorio, F.: "La población de las Islas Canarias en la segunda mitad del siglo XVIII", *Anuario de Estudios Atlánticos*, 14, 1968, pp. 237-301.

La Rosa Olivera, L. de: *Evolución del régimen local en las Islas Canarias*, Madrid, 1946.

La Rosa Olivera, L. de: *Catalogo del Archivo Municipal de La Laguna*, La Laguna, 1944-1960.

La Rosa Olivera, L. de: *Antecedentes históricos del régimen orgánico insular*, Santa Cruz de Tenerife, 1967,

Ladero Quesada, M. A. y Galán Parra, I.: "Las ordenanzas locales en la Corona de Castilla como fuente histórica y tema de investigación (siglos XII al XVIII)", *Anales de la Universidad de Alicante: historia medieval*, 1, 1982, pp. 198-223.

Lalinde Abadía, J.: "El derecho castellano en Canarias", *Anuario de Estudios Atlánticos*, 16, 1970, pp. 13-35.

Lobo Cabrera, M.: "Agua y sed en Fuerteventura", *III Jornadas de Estudios sobre Fuerteventura y Lanzarote*, Puerto del Rosario, 1989, pp. 49-62.

Lobo Cabrera, M.: *Los antiguos protocolos de Fuerteventura (1578-1606)*, Santa Cruz de Tenerife, 1990.

Lobo Cabrera, M.: "Los comienzos de la industria de la cal en Canarias ", en *Homenaje a Francisco Navarro Artiles,* Madrid, 2004, pp. 273-288.

Lobo Cabrera, M.: *El comercio canario europeo en la época de Felipe II,* Santa Cruz de Tenerife, 2008.

Lobo Cabrera, M. "Mercedes de tierras de Fuerteventura", *Anuario de Estudios Atlánticos*, 59, 2013, pp. 85-120.

Lobo Cabrera, M.: "Las fuentes y manantiales históricos de Fuerteventura", en *Fuerteventura cultura del agua*, coord. por R. Cerdeña Ruiz y E. Vera Sosa, Fuerteventura, 2015, pp. 203-220.

Lobo Cabrera, M.: *Las comunicaciones históricas en Fuerteventura: caminos y puertos*, Puerto del Rosario, 2021.

Lobo Cabrera, M.: "Los pósitos de Lanzarote y Fuerteventura. (De la fundación a la extinción)", *XVIII Jornadas de Estudios de Lanzarote y Fuerteventura*", Puerto del Rosario, 2021, pp. 263-294.

Lobo Cabrera, M. y Bruquetas de Castro, F.: *Don Agustín de Herrera y Rojas, primer marqués de Lanzarote,* Madrid, 1995.

Lobo Cabrera, M. y Bruquetas de Castro, F.: *Don Gonzalo de Saavedra y doña María de Moxica, señores de Fuerteventura,* Puerto del Rosario, 2013.

Marco Dorta, E.: "Descripción de las Islas Canarias hecha en virtud del mandato de S. M. por un tío de Licenciado Valcárcel", *Revista de Historia*, 58, 1943, pp. 97-204.

Martín Socas, M. y Lobo Cabrera, M.: "Emigración y comercio entre Madeira y Canarias en el siglo XVI", en *Os Açores e o Atlántico (séculos XIV-XVII)*, Angra do Heroismo, 1984, pp. 678-700.

Martínez Encinas, V.: *La endogamia en Fuerteventura,* Las Palmas 1980.

Millares Cantero, A.: "Sobre la gran propiedad en las Canarias Orientales. (Para una tipificación de la terratenencia contemporánea)", en A. Millares Torres: *Historia General de las Islas Canarias*, Las Palmas de Gran Canaria, 1977, T.V, pp. 257-291.

Millares Cantero, A.: "Los coroneles de La Oliva: unos terratenientes majoreros del Antiguo al Nuevo Régimen. (I)", *Bienmesabe*, https://bienmesabe.org/noticia/2018/mayo/los-coroneles-de-

la-oliva-unos-terratenientes-majoreros-del-antiguo-al-nuevo-
regimen-i

Millares Torres, A.: *Colección de documentos para la historia de Canarias, T.* II. Manuscrito conservado en el Museo Canario.

Mollat, M.: "La place de la conquête normande des Canaries (XV
siècle dans l'histoire coloniale française", *Anuario de Estudios
Atlánticos*, 4, 1958, pp. 537-553.

Navarro Artiles, F.: "Las 'marcas de ganado' en Fuerteventura", *III
Jornadas de estudios sobre Fuerteventura y Lanzarote*, Puerto
del Rosario, 1989, vol. 2, pp. 321-343.

Padrón Artiles, M. D.: *Protocolos de Pedro Lorenzo Hernández, (1668-
1673), escribano de Fuerteventura*, Puerto del Rosario, 2002.

Pellicer de Tovar, J.: *Memorial de la calidad y servicios de los señores
de Fuerteventura, en las Canarias, del apellido de Saavedra*, Madrid, 1647.

Peña Díaz, M.: "Los pícaros", en *Los olvidados de la historia. Marginales*, Barcelona, 2004.

Peraza de Ayala, J.: "El linaje español más antiguo de Canarias",
Revista de Historia, 39-40, 1933, pp. 217-231.

Pérez Camarma, A.: "El modelo político seguido en las Islas Canarias concerniente a su incorporación a la Corona de Castilla",
XIX Coloquio de Historia Canario-Americana (2010), Las Palmas de Gran Canaria, 2012, pp. 845-862.

Quintana Andrés, P.: "Algunas consideraciones sobre la cabaña ganadera de Fuerteventura durante el Antiguo Régimen", en *VI
Jornadas de Estudios sobre Fuerteventura y Lanzarote*, Bilbao,
1995. pp. 79-74.

Quintana Andrés, P.: "Evolución de la propiedad ganadera en Fuerteventura durante los siglos XVII-XVIII", *X Jornadas de estudio de Lanzarote y Fuerteventura*, Arrecife, 2004, pp. 67-98.

Quintana Andrés, P. y Ojeda Báez, F.: *Ecos de subsistencia: las crisis de subsistencia en Fuerteventura y Lanzarote (1600-1800)*. Puerto del Rosario. 2000.

Rodríguez Molina, A. y De Armas Morales, I.: "La cal en Fuerteventura", *Revista Aguayro*, 211, 1995, pp. 7-13.

Rodríguez Morales, C.: "El último viaje de Fernando Matías Arias de Saavedra, VIII señor de Fuerteventura", *X Jornadas de Estudio sobre Lanzarote y Fuerteventura*, Arrecife, 2004. T. I, pp. 133-153.

Rodríguez Segura, J. A.: *La Real Audiencia de Canarias en el siglo XVI: Libro II de acuerdos*, Las Palmas de Gran Canaria, 2001.

Roldán Verdejo, R.: *El hambre en Fuerteventura 1600-1800*, Santa Cruz de Tenerife, 1968.

Roldán Verdejo, R.: "Concejos y ciudades medievales en las islas Canarias (perspectivas de conjunto)", en *Concejo y ciudades en la Edad Media Hispánica. II Congreso de Estudios Medievales*. Fundación Sánchez Albornoz, 1990, pp. 275-320

Roldán Verdejo, R.: "Canarias en la Corona de Castilla", en Bethencourt Massieu, A. (ed.) *Historia de Canarias*, Las Palmas de Gran Canaria, 1995, pp. 256-257.

Roldán Verdejo, R. y Delgado González, C.: *Acuerdos del Cabildo de Fuerteventura 1660-1728*, La Laguna, 1967.

Roldán Verdejo, R. y Delgado González, C.: *Acuerdos del Cabildo de Fuerteventura 1605-1659*, La Laguna, 1970.

Rumeu de Armas, A.: "Una curiosa estadística canaria del siglo XVIII. El plan político del marqués de Tabalosos", *Revista Internacional de Sociología*, 3, 1945, pp. 179-185.

Rumeu de Armas, A.: *Piraterías y ataques navales contra las Islas Canarias,* Madrid-1947-1950, T.II, 1ª parte.

Rumeu de Armas, A.: *España en el África Atlántica,* Madrid, 1956.

Rumeu de Armas, A.: "Cristóbal Colón y Beatriz de Bobadilla en las antevísperas del descubrimiento", *El Museo Canario*, 75-76, 1960, pp.. 254-269.

Rumeu de Armas; A.: *La conquista de Tenerife.* Santa Cruz de Tenerife, 1975.

Rumeu de Armas, A.: "Estructura socioeconómica de Lanzarote y Fuerteventura en la segunda mitad del siglo XVIII", *Anuario de Estudios Atlánticos*, 27, 1981, pp. 425-465.

Rumeu de Armas, A.: "El Señorío de Fuerteventura en el siglo XVI", *Anuario de Estudios Atlánticos*, 32, 1986, vol. 1, pp. 17-127.

Sáenz Abad, R.: *La conquista de Canarias (1402-1496),* Madrid, 2020.

Sánchez Herrero, J.: "La población de las Islas Canarias en la segunda mitad del siglo XVII (1676-1688)", *Anuario de Estudios Atlánticos,* 21, 1975, pp. 237-417.

Santana Pérez, G.: "¿Capacidad o sumisión comercial? Vendederas canarias durante el siglo XVII", *Boletín Millares Carlo*, 21, 2002, pp. 41-49.

Santana Pérez, G.: "El pósito de Fuerteventura en su primera centuria de actuación", *Vegueta: Anuario de la Facultad de Geografía e Historia*, 7, 2003, pp. 103-114.

Santana Pérez, J. M.: "La población de Fuerteventura a fines del Antiguo Régimen", *Boletín Millares Carlo,* 17, 1998, pp. 153-182.

Serra Rafols, E. y Cioranescu, A.: *Le Canarien. Crónicas francesas de la Conquista de Canarias,* La Laguna-Las Palmas, 1964.

Torres Torres, C. C.: "Una aproximación a las exportaciones de Fuerteventura en el primer tercio del siglo XVII a través de su libro de quintos 1625-1626", *XI Jornadas de Estudio sobre Fuerteventura y Lanzarote,* Puerto del Rosario, 2004, T.I, pp. 99-126.

Torriani, L.: *Descripción e historia del reino de las islas Canarias,* Santa Cruz de Tenerife, 1969.

Viera y Clavijo, J.: *Noticias de la Historia General de las Islas Canarias,* Santa Cruz de Tenerife, 1967.

Vincent, B.: *Minorías y marginados en la España del siglo XVI,* Granada, 1987.

k3-8